PO[illegible] VIVRE

UNE COLLECTION D'ÉPANOUISSEMENT INTÉRIEUR
Dirigée par Anne Ducrocq

On naît, on grandit, on vit, on prend des coups, on s'étonne. On esquive, on mûrit, on guérit, on avance. Et parce que la vie est la vie et qu'elle nous veut du bien, on rencontre sur le chemin des livres de sagesse et d'épanouissement intérieur : on y apprend à respirer avec le cœur ; la vie s'y faufile, vaste et libre, toujours en train de commencer.
Car il ne suffit pas d'être né, il faut renaître à l'essentiel.

Des histoires personnelles aux expériences universelles, de la foi au combat spirituel, des épreuves à l'amour, des blessures à la fin de vie,

tout est à vivre.

A. D.

Prêtre de la Mission de France, Jean-Marie Lassausse est arrivé en Algérie en 2000, après douze années passées en Égypte, où il travaillait sur des projets de développement agricole en lien avec l'Église copte catholique. En 2001, le diocèse d'Alger lui confia la gestion du domaine de Tibhirine dont l'ordre cistercien se séparait. Depuis son arrivée, Jean-Marie Lassausse a la charge de l'exploitation agricole des terres et notamment d'un verger de deux mille arbres ainsi que l'accueil des pèlerins se rendant à Tibhirine.

Journaliste dans le groupe Bayard, à l'hebdomadaire *Pèlerin*, Christophe Henning a écrit une vingtaine d'ouvrages, biographies, témoignages et entretiens. Son souci de la rencontre et du dialogue l'a poussé à transcrire le fruit de ses propres découvertes. Couvrant dès 1996 l'actualité concernant le drame de Tibhirine, il a cherché à retrouver et approfondir le message des sept martyrs de l'Atlas avec plusieurs livres sur ce sujet.

Jean-Marie Lassausse
avec Christophe Henning

LE JARDINIER DE TIBHIRINE

préface inédite de Christophe Henning

Bayard

TEXTE INTÉGRAL

ISBN 978-2-7578-4423-6
(ISBN 978-2-227-48196-1, 1re publication)

À Youssef et Samir,
sans qui rien ne serait possible.

« Le prêtre est appelé à servir le don de Dieu,
afin que tous y aient part. Je suis traversé par le don de Dieu.
C'est normal, car Dieu est plus grand que notre cœur ! »

FRÈRE CHRISTOPHE, MOINE DE TIBHIRINE (1950-1996)

Préface de la présente édition
L'espérance fleurit à Tibhirine

C'est une large bâtisse au cœur de terres généreuses : Tibhirine. Le monastère est vide, déserté par les moines victimes de la violence. Mais ce nom est encore le témoin de leurs vies données. C'est aussi le lieu de leur sépulture. Dans le petit cimetière, à l'ombre des grands conifères, sont alignées de simples pierres. Sept noms gravés – Christian, Christophe, Luc, Célestin, Michel, Paul, Bruno –, avec une même date : 21 mai 1996. Presque vingt ans après l'enlèvement et l'exécution des frères de l'Atlas, Tibhirine reste un signe fragile sur la montagne.

Installée dans cette vaste propriété agricole dès 1938, la communauté trappiste n'a jamais eu la vie facile. La Seconde Guerre mondiale contrarie le développement du monastère. Puis, très vite, la guerre d'indépendance de l'Algérie stoppe toute perspective, jusqu'à ce que la fermeture soit même envisagée en 1962. Partir ou rester ? La question souvent posée est encore plus vive dans les années 1990, période noire du terrorisme islamiste et de la répression armée. Partout, autour du monastère, la violence éclate. Dans la nuit de Noël 1993, les islamistes investissent les lieux mais, à force de négociation, finissent par laisser les moines accueillir l'enfant et célébrer la naissance du « Prince de la paix ». Le danger est grand, mais les frères décident de rester, fidèles à leurs vœux monastiques, et encore plus à leurs voisins algériens : « Chaque minute est un pas vers la mort, c'est-à-dire vers l'Amour », confesse frère Luc, le moine médecin arrivé en Algérie un demi-siècle plus tôt. Deux ans après l'attaque de Noël, voici les frères rattrapés par la violence qui embrase tout le pays : dans la nuit du 26 au 27 mars 1996, sept moines sont pris en otage et finalement exécutés, après 56 jours de séquestration.

1938-1996 : 58 ans de présence monastique d'une rare densité ! Fondé à l'heure de cette Algérie française comme l'image visible d'une Église rayonnante, le monastère est devenu au fil du temps la présence humble et fraternelle de moines chrétiens en terre d'Islam. « Vous êtes un signe et on ne demande pas à un "signe" de faire nombre mais de faire signe », avait dit Jean-Paul II aux évêques du Maghreb. Présence discrète et gratuite au milieu d'une population de plus de 38 millions de musulmans, les moines étaient « priants parmi les priants », comme aimait à dire le prieur de Tibhirine, Christian de Chergé. « Comment pourrions-nous laisser vide cette maison de grâce que Dieu nous avait donnée là-haut ? s'interroge Mgr Henri Teissier, archevêque d'Alger, un an après l'assassinat. Comment pourrions-nous refuser de répondre à l'attente des frères et sœurs de religion musulmane qui, en veillant sur le monastère et sur le cimetière où reposent les corps de nos frères, disent leur espérance d'un retour parmi eux ?[1] »

Et c'est vrai : dès l'annonce du drame, plusieurs hommes se lèvent, à travers le monde – un aumônier de lycée polonais, un franciscain chilien, des cisterciens français… –, prêts à prendre la relève. Mais ce n'est pas aussi simple : l'accès est difficile, la sécurité incertaine, les autorités

1. Homélie de Mgr Teissier, 10 mai 1997, abbaye de Bellefontaine.

inquiètes. Il y a bien quelques maigres espoirs, mais le retour s'avère impossible, alors qu'au Maroc, l'annexe de Tibhirine devient le lieu d'enracinement de la communauté de Notre-Dame de l'Atlas.

N'y avait-il donc plus d'espoir pour Tibhirine ? Trois semaines avant l'enlèvement, Christian de Chergé s'inquiétait du devenir du monastère sans imaginer qu'ils avançaient vers le martyre : « Évidemment, comme nous n'avons pas l'imagination de Dieu, quand nous pensons l'avenir, nous le pensons comme le passé… Nous n'avons pas à nous inquiéter, le pain, il sera multiplié demain, mais autrement (Mc 8, 14-21). Quand on est dans le tunnel, on n'y voit rien, mais c'est absurde de vouloir pour autant que le paysage à la sortie du tunnel soit le même qu'à l'entrée… » Comment ne pas voir, dans cette réflexion, une indication précieuse pour penser l'avenir de Tibhirine ?

Ainsi, l'histoire ne s'achève pas avec la mort violente des sept moines. Le monastère, saisi dans la tourmente, aurait pu disparaître bel et bien. À l'aube du XXIe siècle, au moment le plus fragile de son histoire, le lieu a été confié à un seul homme, Jean-Marie Lassausse. Homme de la terre et de la rencontre, il avait déjà conjugué le travail des saisons et l'expérience du dialogue. Mais c'était ailleurs, dans d'autres circonstances. Ici, rien n'était garanti : il lui fallait inventer une nouvelle manière de vivre à Tibhirine. En acceptant tout d'abord les contraintes : c'est souvent sous bonne escorte policière que le prêtre de la Mission de France et ingénieur agronome monte à Tibhirine. Impossible, pendant plusieurs mois, d'avoir l'autorisation de rester sur place : chaque jour, il faut faire l'aller-retour entre Alger et le monastère… Loin de se décourager, Jean-Marie Lassausse reprend à son compte l'acte de foi des moines qui avaient pour projet de revenir au monastère, et que les événements ont empêchés : « L'Évangile ne demande pas d'attendre que les conditions de sécurité soient assurées pour être présents dans un peuple et une Église, il demande de rendre compte de notre espérance et de l'amour de notre Dieu en tout lieu, particulièrement là où des gens attendent ce message de vie. »

Petit à petit, la vie reprend sur les contreforts de l'Atlas. Fort de son expérience en Tanzanie, en Limousin ou en Égypte, Jean-Marie a voulu investir le lieu en vivant au plus près de la terre, au rythme des saisons, en laissant advenir des rencontres humaines simples et sans discours avec le voisinage, ce dont il témoigne dans ce livre. « Plus immense est l'espérance, mieux elle perçoit d'instinct qu'elle ne saurait s'accomplir qu'en s'investissant résolument dans la longue patience, avec soi, avec l'autre, avec Dieu même », écrivait Christian de Chergé. Depuis 2001, sa modestie dût-elle en souffrir, Jean-Marie a non seulement participé à la sauvegarde du lieu mais il a aussi créé les conditions du rayonnement humain, spirituel, universel de Tibhirine. Certes, à travers les écrits de Christian de Chergé, les poèmes de frère Christophe, la figure de frère Luc, des milliers de personnes ont reçu en héritage cette leçon de dialogue. Mais sur le terrain, il fallait cette présence d'accueil, assurée par le jardinier. Chaque année, ce sont des centaines de visiteurs – pèlerins étrangers ou Algériens reconnaissants – qui viennent s'incliner sur les tombes de moines.

Aujourd'hui, après l'immense succès du film de Xavier Beauvois *Des hommes et des dieux*[1], le don des moines a connu un formidable retentissement.

1. *Des hommes et des dieux*, réalisation Xavier Beauvois, avec Lambert Wilson et Michael Lonsdale, 2010.

Si l'enquête piétine et qu'on ignore encore à qui imputer la mort des moines, victimes d'une guerre fratricide, le message des frères est de plus en plus approfondi. Et il ne s'agit pas seulement d'un héritage livresque : alors que l'Algérie trouve les voies d'un apaisement national, Tibhirine devient un lieu de vie, de ressourcement, de pèlerinage. En plus de Samir et Youssef, les deux ouvriers qui travaillaient déjà au temps des moines, des volontaires viennent prêter main-forte à Jean-Marie Lassausse, pendant quelques semaines ou plusieurs mois. Les deux mille pommiers, plantés en signe d'espoir en 2000 par les cisterciens qui pensaient revenir un jour, sont au cœur de l'exploitation agricole, avec la production maraîchère et l'élevage de quelques moutons. Les travaux préservent des intempéries les grands bâtiments, progressivement aménagés. Un atelier pour les jeunes du village est toujours en activité, animé par Caritas, dans une annexe du monastère. L'association des Amis de Tibhirine, créée par les cisterciens et les familles des moines disparus, apporte une aide matérielle au village. Enfin, ceux qui sont accueillis sur place peuvent y passer quelques jours, se reposer, s'y ressourcer, prier dans la chapelle…

Personne ne pourra retrouver Tibhirine tel qu'il

était au temps des moines. « Tibhirine est vraiment une expérience unique, confirme Mgr Claude Rault, aujourd'hui évêque de Laghouat (Algérie). La meilleure des communautés ne pourra jamais revivre cette expérience d'unité, avec des liens si profonds tissés entre ces frères. On peut certes s'inspirer de l'esprit de Tibhirine, mais pas le reproduire. » Pour autant, le monastère n'est pas devenu un musée : c'est un lieu de mémoire vive, où s'enracine l'espérance. Il fallait travailler et se laisser travailler pour faire germer cet avenir : « Le jardinier de Tibhirine n'est pas un gardien des lieux ; il est un jardinier qui cultive une terre encore capable de donner du fruit et un fruit qui demeure puisque l'amour ne disparaît jamais », résume dom André Barbeau, abbé d'Aiguebelle à l'époque, qui confia le monastère à Jean-Marie Lassausse.

« Ma vie de prêtre est d'être au milieu des hommes autant que possible à la manière de Jésus, sans leçons à donner, témoignant par ma vie de mon espérance », nous confie Jean-Marie. Il est bien plus qu'un jardinier. Tout d'abord, le domaine n'est pas un simple jardin, fût-il potager : c'est une véritable exploitation agricole, une petite entreprise qu'il faut faire tourner. Mais il s'y passe davantage encore : « Mystérieusement, sans bruit, dans le secret des cœurs et de la rencontre, ce jardin irrigué du sang des moines martyrs refleurit », nous confie au fil des pages Jean-Marie Lassausse. Il le sait, il en est le témoin, lui qui est le « jardinier du jardin », puisque « jardin » en berbère se dit « Tibhirine ». Un nom, qui dépasse l'image naïve d'un espace vert et renvoie à un autre jardin, celui du matin de Pâques. On se souvient, dans l'Évangile de Jean, de Marie-Madeleine qui se rend au tombeau. Le tombeau est vide, et un homme l'interpelle : c'est le Ressuscité, qu'elle prend pour le jardinier. Celui-là même qui nous annonce la vie nouvelle.

Christophe Henning
Paris, le 12 mai 2014

INTRODUCTION

5 heures 30. Alger dort encore. Je pousse la grille de la maison diocésaine : j'ai mon petit appartement dans cet immeuble qui est un des lieux d'Église ici. Au volant de ma petite voiture rouge, je traverse les rues désertes, croise quelques patrouilles de police, passe les barrages tous feux éteints. Je file vers le sud. L'escorte qui doit m'accompagner dans tous les déplacements dans la région de Médéa me rattrapera bientôt sur la route. Deux motards devant, une voiture de police derrière : c'est la règle. Me voilà encadré après avoir traversé la riche plaine de la Mitidja. Les forces de l'ordre facilitent le dépassement des lourds camions qui sont déjà en route. 6 heures 30. La route sinueuse de montagne s'étire. J'approche. Puisqu'il est toujours difficile de dormir sur place, je suis contraint à faire l'aller-retour deux ou

trois fois par semaine, presque 200 kilomètres à chaque voyage.

Les premières lueurs découpent les limites déchiquetées des montagnes. Un dernier virage, et je descends la petite rue mal goudronnée qui mène au monastère. Je suis devant la porte. Samir et Youssef sont déjà là : quand ils entendent le convoi arriver, ils ouvrent le portail. J'entre dans Tibhirine endormie.

Le monastère des frères assassinés me saisit chaque fois, depuis dix ans. C'est une oasis de paix, de sérénité. À peine la voiture garée en bordure du jardin, je retrouve la silhouette massive du grand bâtiment conventuel. Le soleil se lève sur l'horizon perdu, vallonné. L'ombre de l'abbaye s'étend encore sur le vaste verger, mais la lumière gagnera petit à petit chaque arpent de terre. Le monastère est vide. Il n'est habité que par le vent qui a conquis d'un souffle les pièces abandonnées. Quelques religieuses passent de temps à autre : elles ont le projet de venir s'installer dans le monastère, mais celui-ci est encore imprégné de la présence des moines. Leur souvenir exhale un parfum paisible, comme suspendu par le temps, saisi par le drame. Petit à petit, les traces s'estompent… L'un ou l'autre prend l'initiative de déplacer un meuble, d'enlever quelques livres, de nettoyer une pièce.

Plus tard, j'irai jusqu'au cimetière, ce petit enclos délimité par un petit mur de pierres éboulées. Pour commencer la journée de labeur, je vais retrouver les deux ouvriers agricoles, et sans doute quelque villageois de passage, autour d'une tasse de café, réconfort dans le matin encore engourdi de froid. J'ai pris mes quartiers dans l'ancienne maison du gardien, en bordure du jardin. Un évier bas, une cuisinière, installés pour la pause du déjeuner. Un poêle à bois, capricieux et bricolé, réchauffe l'atmosphère : il faudra que Youssef s'en occupe. La vie se raconte autour d'un café fait à la va-vite. On me donne des nouvelles des familles. Le garde communal de faction, à la porte du monastère, passe une tête pour s'assurer que tout va bien, et prendre les noms des éventuels visiteurs que je peux attendre. Et puis il faudra sortir le tracteur, inspecter le troupeau de moutons, faire quelques semis de plantes potagères, soigner les arbres qui bientôt bourgeonneront. « Tibhirine » signifie « jardin » en berbère. Les saisons sont rudes, mais ma foi s'enracine sur cette terre d'Algérie. Il y faut de la patience, mais je sens que l'aventure n'est pas vaine. Mystérieusement, sans bruit, dans le secret des cœurs et dans la rencontre, ce jardin, irrigué du sang des moines martyrs, refleurit.

I

LES MOINES DE L'ATLAS

J'aime remonter jusqu'à la source. Elle est située juste derrière le monastère. À l'orée du petit sous-bois, surplombant légèrement le cimetière, c'est la richesse inestimable de ce lieu si verdoyant. Sans cette source d'eau qui irrigue tout le domaine, le monastère n'aurait jamais pu s'installer à Tibhirine. Depuis bientôt cent cinquante ans, cette terre est irriguée, valorisée, elle donne du fruit. Ma présence ici s'inscrit dans une longue lignée de gens de terre et d'hommes de prière. Mais la culture préexistait au lieu de foi.

Avant même les moines, c'est Henry J. Mirehouse, un colon anglais, qui posa les premières pierres de la propriété en 1876. Ce n'est qu'en 1938 que les cisterciens acquièrent Tibhirine. Ce n'est pas leur première implantation : ils sont arrivés en Algérie dès 1843. Dans un contexte de colonisation française, douze moines originaires de l'abbaye d'Aiguebelle, dans la Drôme, fondaient une abbaye à Staoueli, à une quinzaine de kilomètres à l'ouest d'Alger. Mais ce vaste domaine était délaissé en 1904 : alors que se profile la loi de séparation entre l'Église et l'État et devant les menaces de confiscations et d'expulsions, les moines prennent les devants et se réfugient à l'abbaye de Maguzzano, en Italie, sur les bords du lac de Garde.

Quand ils envisagent de revenir en Algérie, les cisterciens s'intéressent à plusieurs sites. En 1934, quelques moines slovènes malmenés par les autorités yougoslaves arrivent en éclaireurs, à Benchicao tout d'abord. Les Français réfugiés en Italie les rejoignent bientôt. C'est finalement Tibhirine, ce lieu escarpé des contreforts de l'Atlas, qui est choisi : à 92 kilomètres d'Alger, sans pour autant être trop enfoncé dans le pays, dominant la plaine de la Mitidja, Tibhirine est tout désigné. Les anciens bâtiments du propriétaire terrien, la ferme qui jouxte le futur couvent, les quelque 375 hectares de champs et de vignes, et cette source qui ne tarit pas sont des atouts incontestés pour une installation monastique, souvent liée au travail de la terre.

À 985 m d'altitude, le temps y est parfois rude, et j'en sais quelque chose : les hivers sont sévères, et la chaleur de l'été, en revanche, peut être caniculaire. Mais comme les premiers moines, je reste bouleversé par la vue grandiose. Adossé au monastère, je peux admirer la vallée, les montagnes pentues qui dentellent l'horizon.

Je ne suis pas moine, et je ne connaissais pas bien la vie et l'histoire de Tibhirine avant de venir en Algérie en 2000. Mais c'est un lieu chargé d'histoire dont je me sens un des héritiers. Et les pierres simples, les bâtiments sobres sans être austères, témoignent d'heures difficiles, de vie données à Dieu et aux hommes. Quand j'arpente le monastère, tout parle de cette histoire que je recompose par bribes. L'enlèvement et l'assassinat des sept frères marquent à jamais cette terre de Tibhirine, mais ce n'est pas l'essentiel : l'histoire des générations qui les ont précédés a modelé les rapports humains d'aujourd'hui. Petit à petit, il me faut comprendre tout ce qui a été vécu ici. Non pas pour devenir gardien d'un musée ni protecteur de la mémoire, mais bien, d'une certaine manière, le successeur d'une présence étonnante dans ce petit hameau de montagne ballotté par les événements.

Depuis leur arrivée dans les années 1930, les moines se sont révélés être des hommes de leur temps. Quand ils s'installent, il n'est pas question alors d'une présence discrète, mais bien d'un élan missionnaire et colonial. Pour preuve, l'imposante statue de Notre-Dame de l'Atlas érigée au sommet du rocher d'Abd-el-Kader qui domine le monastère. Elle donne son nom à la communauté de l'Atlas. Témoin de toute l'histoire des moines à Tibhirine, cette grande sculpture, abîmée par le temps, est un des rares signes ostentatoires de la présence chrétienne qui perdure encore aujourd'hui en Algérie. Il m'arrive, en fin de journée, de gravir entre les buissons les pentes abruptes qui mènent jusqu'au rocher. Il y règne une atmosphère sereine. D'en haut, on distingue le monastère derrière les arbres. Sur la gauche s'imbriquent les maisons du village. Entre les deux, le chantier de la mosquée forme une masse blanche.

Après la Seconde Guerre mondiale, les moines sont une trentaine dans les bâtiments agrandis avec une aile imposante. Le monastère pourrait accueillir jusqu'à une centaine de frères. Mais il est alors à son apogée : jamais ils ne seront plus de trente-cinq frères. Le rayonnement de Tibhirine ne tient pas au nombre, mais davantage aux personnalités et au témoignage qu'elles ont apporté… Parmi les nouvelles recrues, six nouveaux frères viennent de l'abbaye d'Aiguebelle. Parmi eux, le frère Luc, médecin, qui a joué un rôle considérable dans la vie de la communauté et auprès de la population algérienne. Il ne se passe pas une semaine sans que quelqu'un m'en parle.

Frère Luc, avec un caractère bien trempé, était l'un des moines les plus connus et les plus appréciés de la communauté. Toujours en 1946, un pied-noir prêtre du diocèse d'Alger a demandé à entrer dans la communauté : c'est le frère Amédée, qui échappera par miracle à l'enlèvement en 1996, poursuivra sa vie monastique au Maroc à Midelt. Il est décédé en 2008 à Aiguebelle. Et il n'est pas enterré avec les autres, les moines assassinés et les frères morts avant 1996. Dans l'herbe haute, de simples stèles de pierre brute sont déposées au-dessus des tombes, rappelant la présence des frères. Selon la tradition monastique, ne sont gravés que la date de la mort – date de l'entrée dans l'éternité – et le nom de religion du frère : « 21 05 1996 Christian » ; « 21 05 1996 Christophe » ; « 21 05 1996 Luc ». Et ainsi de suite…

Présence essentielle pour l'Église d'Algérie dans les années 1950, la communauté n'accueille pas autant de frères qu'elle le souhaiterait. Les circonstances ne sont guère propices à ce développement, même si le monastère est relativement à l'écart des tensions politiques. J'ai retrouvé des échos de cette période dans la chronique du monastère : « Les fellaghas sont autour de nous mais Notre-Dame de l'Atlas a dû leur inspirer la bonne idée de nous faire aucun mal ! Les faits le prouvent : les domaines de nos voisins sont saccagés et leur vie en continuel danger. Si bien qu'il est à peine croyable qu'au milieu d'une région troublée, où les attentats et les accrochages ne sont pas rares, où souvent on entend mitrailleuses et canons, vrombissements d'avions, ce soit autour du monastère le calme et la solitude qui nous permettent de continuer notre vie de prière et de travail, notre rayonnement bienfaisant, comme avant, sur une population paisible dont la confiance envers nous s'est accrue du fait même que nous sommes épargnés. »

Comme il est précieux pour moi aujourd'hui, que cette fraternité entre le monastère et la population s'enracine dans l'histoire ! Voilà le véritable héritage de Tibhirine, dont je suis l'heureux bénéficiaire : depuis l'installation des frères, et même si le sens de leur présence a évolué au cours des années, je continue à vivre humblement cette rencontre paisible, confiante, des premiers moines.

Je ne veux pas paraître trop naïf non plus : en juillet 1959, lors d'une des périodes les plus dures de la guerre d'Algérie, deux moines avaient été enlevés par des maquisards de l'Armée de libération nationale. Frère Luc était l'un d'entre eux, lui qui sera à nouveau pris en otage le 26 mars 1996 et qui, au cours de la Seconde Guerre mondiale, s'était porté volontaire pour la déportation en remplacement d'un père de famille… « Il n'y a pas de véritable amour de Dieu sans un consentement sans réserve à la mort », écrira plus tard frère Luc[1]. Durant la guerre d'Algérie, et avec le frère Mathieu, Luc s'est donc trouvé entraîné par ses ravisseurs dans la montagne, à marche forcée. Au bout d'une semaine, un rebelle croise le groupe et reconnaît le « toubib » qui l'a soigné dans l'enfance. « Vous êtes fous d'avoir enlevé le médecin, il nous soigne tous gratuitement », lance-t-il en substance à

1. *Jusqu'où suivre ? Les martyrs de l'Atlas*, Bernardo Olivera, Cerf/Parole et Silence, Paris, 1997.

ses frères d'armes. Et les deux moines sont immédiatement relâchés. La répétition de l'histoire connaîtra, pour frère Luc, une issue plus dramatique.

Il y aurait tant à dire sur la vie quotidienne de la communauté pendant tant et tant d'années… En 1962, alors qu'est proclamée l'indépendance, les moines auraient pu quitter le pays comme la grande majorité des chrétiens d'Algérie. Qu'un monastère trappiste puisse durer en terre d'islam est un réel défi… Mais voir partir la communauté contemplative serait un déchirement pour Mgr Léon-Étienne Duval, et pour l'Église d'Algérie. Dom Gabriel Sortais, père abbé général de l'ordre, estime plus sage de quitter l'Atlas, décision annoncée à l'archevêque d'Alger en novembre 1963, lors d'une rencontre à Rome. Le cardinal Duval tente par tous les moyens de le faire revenir sur sa décision… Sans succès. Mais dans la nuit, l'abbé général succombe à une crise cardiaque. L'exécution du décret de fermeture s'en est trouvée suspendue, puis révisée par le nouvel abbé général. « Neuf cent mille chrétiens qui disparaissent soudain, c'est une apocalypse pour l'Église, déclarait alors l'archevêque d'Alger. Si Tibhirine demeure, l'Église est sauvée. »

Le monastère ne ferme pas… Mais qu'en reste-t-il ? Les frères peuvent, s'ils le souhaitent, rejoindre une abbaye de la métropole. En 1964, il n'y a plus que quatre moines, heureusement rejoints par quatre frères d'Aiguebelle et quatre de l'abbaye bretonne de Timadeuc. La riche propriété agricole se réduit alors comme une peau de chagrin, la communauté décidant de céder 360 hectares au fond agraire de l'État algérien. Et pourtant : cette évidente fragilité est une réalité évangélique qui suscite bientôt des vocations. Frère Christian de Chergé en 1971 et frère Christophe Lebreton en 1974 rejoignent les hauteurs de l'Atlas, suivis dans les années 1980 par les frères Paul, Célestin, Bruno, Michel. Avec le frère Luc, voici les sept moines assassinés. Ceux qui ont choisi de partager jusqu'au bout la vie du peuple algérien, fût-ce au prix de leur vie.

De ce lieu, on parle aujourd'hui avec émotion. Livres, sculptures, peintures, et un film désormais racontent la vie des moines et témoignent de leur aventure humaine et spirituelle[1]. D'Alger, je suis touché de toutes ces expressions qui viennent recueillir un éclat de ce message de Tibhirine, enraciné sur le rocher de l'Atlas et en même temps si universel. Ce que l'académicien Jean-Marie Rouart a décrit avec une justesse bouleversante : « C'était une grande bâtisse un peu austère mais chaleureuse et accueillante, construite en face d'un des plus beaux paysages du

1. *Des hommes et des dieux*, film de Xavier Beauvois, avec Lambert Wilson et Michael Lonsdale, a reçu le Grand Prix du jury 2010 à Cannes, ainsi que le Prix du jury œcuménique 2010.

monde : les palmiers, les mandariniers, les rosiers se dessinaient devant les montagnes enneigées de l'Atlas. Des sources, une eau claire, irriguaient le potager. Il y avait aussi des oiseaux, des poules, des ânes, la vie. Des hommes avaient choisi de s'installer dans ce lieu loin de tout mais proche de l'essentiel, de la beauté, du ciel, des nuages. […] Ils formaient une sorte de communauté. Occupés par les travaux de la terre, ils donnaient l'hospitalité, apprenaient l'agriculture à leurs voisins, et ils les soignaient car l'un d'entre eux était médecin[1]. »

Aujourd'hui encore, je suis frappé par l'importance du monastère pour l'Église d'Algérie. Alors qu'il s'agit d'un « petit reste », des bâtiments malmenés par les intempéries, un petit cimetière, des vies brutalement interrompues il y a presque quinze ans, Tibhirine est encore si présent au cœur des chrétiens de ce pays. Et je ne parle pas du rayonnement international de la petite communauté pour l'Église universelle… Toujours est-il que la communauté dont nous avons tous appris l'existence – moi le premier – quand la tragédie de l'enlèvement a surgi sur le devant de l'actualité, a vécu ses intuitions profondes depuis tant et tant d'années. Ne serait-ce pas la manière de vivre l'évangile du prochain qui vient toucher les cœurs, quelle que soit

1. Discours prononcé par Jean-Marie Rouart, Académie française, Paris, 6 décembre 2001.

la religion ? J'y retrouve, par quelques similitudes, et surtout par une fraternité de cœur, ce qui anime ma vocation depuis tant d'années. Homme terre à terre, je vis depuis si longtemps mon métier de prêtre dans les relations humaines simples, enracinées au gré des missions qui m'ont été confiées. De la Tanzanie à Tibhirine, en passant par la Creuse ou l'Égypte, c'est cette réalité humaine que je veux vivre, telle que la résume Christian de Chergé, éprouver simplement « la joie profonde de rester sans autre responsabilité que l'accueil du quotidien comme don de Dieu ».

II

PRÊTRE AGRICULTEUR, UNE DOUBLE VOCATION

Rien ne me destinait à vivre à Tibhirine. Et tout m'y a conduit. Originaire des Vosges, je suis issu d'une famille d'agriculteurs. Au milieu d'une fratrie de sept enfants, j'ai grandi sans histoire, très marqué par le travail de la terre, même si je savais que c'était au fils aîné que reviendrait l'exploitation familiale. Ce contact avec la nature est sans doute une véritable part de vocation pour moi, doublée d'un désir précoce d'être prêtre. Je suis passé par ce qu'on appelait « le petit séminaire », un collège de garçons qui avait aussi pour but de repérer ceux qui pouvaient entrer par la suite au séminaire. Dès la troisième, j'avais déjà pris contact avec les « oblats de Marie immaculée », et j'ai participé à des camps organisés par les Missions étrangères de Paris, les MEP. Dès l'âge de 15 ans, j'avais cette envie d'aller au-delà des frontières. Dans l'élan de Mai-68, j'ai entamé deux années extraordinaires de discernement et de philosophie dans un séminaire très ouvert, à Saint-Dié. Les journées étaient ponctuées par des temps d'étude, de prière, de vie communautaire. Pour bénéficier encore de cet environnement, j'ai fait tout ce que j'ai pu pour que mon service militaire se déroule à Nancy… Tant et si bien que j'ai été affecté dans l'infanterie de Marine, à Toulon.

Après six semaines chez les Marsouins, je me suis trouvé expédié à Djibouti, capitale à l'époque du Territoire français des Afars et des Issas. Secrétaire d'un colonel, je n'ai jamais cessé de voyager dans ces régions brûlantes et arides, totalisant plusieurs semaines au Yémen et en Éthiopie. Si loin de mes Vosges natales, j'ai fait d'étonnantes rencontres, admiré des paysages extraordinaires. Dans la ville de Dire Dawa, j'ai découvert avec étonnement l'église copte éthiopienne. Et comment ne pas me souvenir des Petites Sœurs de Jésus, qui vivaient dans le désert sous des « *toukouls* », ces huttes de branchages couvertes de peaux de chameau ? J'étais bouleversé : « Mon Dieu, voilà ce que je veux vivre ! »

Voici qu'à ma vocation balbutiante et à mon attirance pour l'agriculture s'ajoutait mon attrait pour une terre étrangère, pour la rencontre des autres… Mais comment concilier ces grandes aspirations ? Rentré en France, il a fallu prendre un peu de recul, réfléchir, me donner du temps. J'ai commencé par travailler comme ouvrier agricole pendant deux ans, avant de partir avec la Délégation catholique à la Coopération pour enseigner au lycée agricole de Témara fondé par des jésuites au Maroc en 1953. J'y suis resté quatre années, découvrant une autre agriculture, mais surtout ce rapport à la terre qui permet à des hommes différents de s'entendre, de se comprendre, de travailler ensemble pour produire de belles récoltes. N'était-ce pas, en plus des autres désirs profonds, celui de l'enseignement, de la transmission, qui venait s'ajouter encore ?

Autant d'expériences qui m'ont conduit enfin à pousser la porte de la Mission de France. Diocèse « sans territoire », la Mission de France cherche à vivre l'Évangile au cœur même de la société, par le travail, la vie associative et sociale au quotidien. Tout en parachevant ma formation agricole, j'ai suivi les cours du séminaire. Avant même l'ordination, on m'a envoyé en Limousin, région déjà touchée, dans les années 1980, par la déchristianisation. Selon la manière de la Mission de France, j'étais à la fois en charge des questions paroissiales tout en ayant une activité professionnelle. Tandis que mon confrère était salarié agricole, j'avais repris une petite entreprise de scieur de bois à domicile. Ma 2CV tirait une scie circulaire et je sillonnais le plateau de Millevaches au service de presque deux cents familles pour scier le bois destiné au chauffage pendant l'hiver.

Ces détails peuvent paraître ridicules : ce travail me

permettait de rentrer dans les maisons, de rencontrer les personnes chez elles. Certaines savaient que j'étais diacre et bientôt prêtre, et nous pouvions discuter. Mais ce n'était pas la raison même de mon passage : je ne cherchais évidemment pas à leur parler de Dieu ou de l'Église. Je me suis rendu un jour dans le petit village de Cheissoux, entre Bourganeuf et Eymoutiers, deux cents habitants. J'avais deux raisons de passer dans cette charmante commune : je devais scier le bois de l'école, et il y avait environ une centaine de stères à débiter, ce qui nécessitait une bonne journée de travail. D'autre part, il y avait, ce même après-midi, un enterrement. J'ai donc arrêté de scier pendant un peu plus d'une heure, le temps de célébrer les funérailles… « Ils n'ont pas trouvé de prêtre, ils sont allés chercher le scieur de bois », disait-on dans le pays…

À Royère-de-Vassivière, chef-lieu de canton, je garde encore le souvenir d'un autre enterrement, celui d'une personne âgée de l'hospice qui n'avait plus aucune famille. Ce qui n'empêchait pas des funérailles, évidemment. Je prépare donc la célébration dans la sacristie, enfile mon aube, et rejoins le chœur. Personne dans l'église… J'entends la porte qui s'ouvre, béante sur la lumière du jour. Les porteurs des pompes funèbres traversent la nef, déposent le cercueil devant moi, et sortent en refermant la porte. Il n'y avait plus personne. Je me suis retrouvé tout seul avec la défunte. J'ai dû observer deux trois minutes de silence, récité quelques prières, et suis ressorti, pour faire signe aux agents des pompes funèbres qui étaient au café. Que pouvais-je faire de plus ? « Le prêtre a bâclé les obsèques », a-t-on fait savoir… C'est une région où je me fis bien des amis, en particulier parmi les gens qui étaient alors appelés néo-ruraux.

Quand un habitant de Tibhirine engage la conversation, quand je discute à la porte du monastère ou au marché de Médéa, je ne crois pas être différent de celui que j'étais dans le Limousin. Ma vie de prêtre est d'être au milieu des hommes, autant que possible à la manière de Jésus, sans leçon à donner, témoignant par ma vie de mon espérance. Aussi curieux que cela puisse paraître, ma découverte de la vie rurale au centre de la France m'a forgé pour les défis qui m'attendaient ensuite. Le souvenir de Djibouti, de l'Éthiopie et du Maroc m'avait convaincu que je pouvais être heureux dans une mission au-delà des frontières. Pressenti pour aller en Tunisie, c'est finalement en Tanzanie que je suis parti.

Nous étions trois, envoyés pour un projet de développement agricole. Cette perspective me réjouissait : l'approche d'une culture « par la terre » facilite le contact. Le projet était simple, et essentiel pour les paysans africains : nous devions introduire la culture attelée dans la vaste région des hauts plateaux autour de Dodoma, devenue capitale en 1996. Pour autant, les campagnes alentour sont particulièrement pauvres.

Nous espérions améliorer les rendements de haricots, mil, sorgho, maïs… Passer de la culture manuelle à l'attelage a non seulement des effets sur la production, mais soulage aussi les ouvriers de bien des souffrances. Nous avons commencé avec des ânes, qui tenaient bien leur réputation : ils étaient trop bêtes pour nous donner satisfaction. Au bout d'une année, nous avons commencé à dresser des bœufs pour tracter la charrue, la remorque et la houe.

En trois ans, j'ai vite appris à me débrouiller en kiswahili, et mes relations avec les Tanzaniens, par le biais du travail agricole, allaient bien au-delà des sujets professionnels. Je crois beaucoup au ministère articulé sur deux pieds, qui allie une présence par le travail professionnel, et l'animation d'une communauté. Car il y avait aussi dans notre mission une dimension pastorale : nous étions chargés de créer ce qu'on appelait des « *djumuyia ndogo ndogo* », c'est-à-dire des petites communautés chrétiennes. On compte environ 30 % de chrétiens en Tanzanie. Ce sont de jeunes convertis, des animistes qui souhaitent entrer dans l'Église, et il fallait fonder avec eux de véritables communautés. C'était assez étonnant dans un pays qui était alors dans sa grande période socialiste, à l'époque de Julius Nyerere, organisant les villages selon des règles très strictes : la population était répartie dans des quartiers de dix maisons. J'étais moi-même inséré dans un quartier avec les deux autres prêtres de la Mission de France, et nous devions participer, une fois par semaine, au travail communautaire au service du quartier, avec les gens qui habitaient ces dix maisons. Cette aventure était passionnante. Malheureusement, au début de la quatrième année, j'ai commencé à accumuler des problèmes de santé. En plus du paludisme auquel il est difficile d'échapper dans cette région, se sont manifestées la bilharziose et la typhoïde. Je ne voulais rien savoir, mais je dépérissais, et je n'étais vraiment plus efficace. On m'a rapatrié sur une civière, et j'ai passé cinq semaines à l'hôpital de la Salpêtrière, à Paris. Le spécialiste m'a remarquablement soigné, mais il a fortement déconseillé de repartir en Tanzanie. Malheureusement, l'évêque de la Mission de France l'a écouté !

À Tibhirine, il m'arrive souvent de penser à ces petites communautés tanzaniennes qui étaient contraintes, par l'organisation administrative socialiste, de vivre ensemble. Dans ce carcan, les habitants trouvaient le moyen d'avancer, de créer de vraies solidarités, de découvrir la foi chrétienne. Cette solidarité villageoise ne se décrète pas : elle s'imagine de personne à personne, à hauteur de visage. C'est ce que vivaient les moines, c'est ce que j'éprouve encore sur cette terre algérienne. Dans les périodes de récolte, je recrute des gens du village pour cueillir les pommes. Quand ils décident de couler une dalle de béton pour la future mosquée, tout le village est présent, et je viens, moi aussi, donner un coup de main.

Mais je ne suis pas venu en Algérie après avoir été éloigné de la Tanzanie : il m'a fallu passer ensuite quatre années dans un secteur rural de la Mission de France en forêt d'Othe dans l'Yonne. Ce fut enrichissant, et j'ai pu recouvrer une santé plus solide. Avec deux autres prêtres, Jean-Michel et Pierre, nous avions la charge d'un immense secteur de 22 clochers. Ce qui, j'en conviens, est aujourd'hui le lot commun de bien des prêtres diocésains. Fidèles à notre vocation, nous avions aussi une activité professionnelle, et j'avais un poste d'agriculteur « remplaçant » au sein d'un service départemental : quand un agriculteur se trouvait empêché, malade, s'il avait eu un accident ou prenait des vacances, je prenais en charge son exploitation agricole pendant le temps nécessaire. Ce pouvait être un week-end ici, trois mois ailleurs… C'était encore un métier riche de rencontres, professionnellement passionnant, et qui rendait de véritables services à ces hommes de la terre pour qui j'ai beaucoup d'amitié. Mais l'appel au-delà des frontières était le plus fort.

Puisque je ne pouvais décidément pas repartir en Tanzanie, j'ai accepté d'être envoyé en Égypte. Je ne connaissais pas ce pays. J'allais y passer des années d'une très grande richesse. À 37 ans, je devais aussi apprendre laborieusement cette langue arabe que je pratique aujourd'hui en Algérie avec l'accent du Proche-Orient, ce qui ne cesse d'étonner mes interlocuteurs.

C'est évidemment l'agriculture qui fut encore le moyen d'insertion que je mettais en œuvre en Égypte, où j'ai mené au fil des années plusieurs projets. J'ai commencé, avec d'autres coopérants, à coordonner des projets de développement dans les oasis du Sud à Bahareyya. Des financements européens permettaient d'aider des mini-projets tels que la culture de périmètres irrigués, le conditionnement de dattes, le broyage d'abricots pour faire des jus, la création de petits élevages de lapins, de canards… L'organisme « Agriculture française et Développement international » (AFDI) m'a ensuite confié une étude de faisabilité d'un projet sur des nouvelles terres. L'Égypte est un pays immense où il y a très peu de terres agricoles. Mais il y a une volonté politique de développer des nouvelles exploitations en gagnant sur le désert, grâce à l'irrigation par des canaux successifs, venant du Nil. Les jeunes diplômés égyptiens sont encouragés dans cette voie : le gouvernement leur offre quelques hectares de terre de sable, à charge pour eux de créer une exploitation agricole. 60 000 jeunes se sont installés grâce à ce dispositif. J'ai passé des journées entières à sillonner le désert en moto, allant de village en village pour prodiguer conseils et encouragements.

J'ai ensuite accepté la responsabilité du développement

pour le diocèse de Minieh, que m'a confié l'évêque copte catholique Antonios Naguib. Après cinq années, je me suis enfin investi sur les nouvelles terres, en travaillant à la Caritas, pour le lancement d'une ferme thérapeutique de douze hectares de sable à Noubaria. Dans cette exploitation, nous avons planté de la vigne, des oliviers, des pommiers... Des jeunes toxicomanes qui cherchaient à se désintoxiquer venaient partager notre travail pendant quelques semaines, quelques mois. Une fois encore, le travail agricole se révèle être un prétexte efficace pour nouer des relations humaines confiantes, simples, vraies.

C'est alors que m'est arrivée la proposition de partir pour l'Algérie. Les « années noires » avaient profondément touché la population tout d'abord, et l'Église d'Algérie aussi. Il y a eu des milliers d'Algériens tués, disparus. Dix-neuf membres de l'Église catholique ont été assassinés entre 1994 et 1996, dont les sept frères de Tibhirine et Mgr Pierre Claverie. Ce fut le dernier. L'évêque d'Oran a été tué avec son chauffeur dans un attentat le 1er août 1996 : une bombe a déchiqueté sa voiture, alors qu'il rentrait chez lui.

Des congrégations religieuses avaient trouvé plus sage de quitter l'Algérie. Beaucoup d'étrangers étaient partis, eux qui constituent finalement une très large part de la communauté chrétienne. Il y avait bien trois prêtres relativement âgés de la Mission qui vivaient encore en Algérie mais, depuis 1980 et donc bien avant les événements tragiques, la Mission de France avait décidé d'envoyer ses prêtres vers d'autres régions arabo-musulmanes. À l'approche de l'an 2000, et devant la situation exsangue de son diocèse, Mgr Henri Teissier, archevêque d'Alger, insistait pour que quelques prêtres puissent venir. Cet appel correspondait bien à la vocation de la Mission de France : être là où vivent les femmes et les hommes de ce temps, et où l'Église est pauvre, fragile, mais témoin de l'amour de Dieu.

En 1999, je me suis rendu en Algérie avec Jean Toussaint : nous étions prêts à répondre à la demande. Mais pour quoi faire ? Lors de ce voyage de reconnaissance, nous avons parcouru les trois diocèses d'Alger, Oran et Constantine, sans nous rendre à Ghardaïa et Laghouat, le diocèse du Sahara où il y avait peu de chances que nous nous installions. La sécurité semblait revenir, et nous avions découvert un pays aux débuts d'un redémarrage après des années sanglantes de guerre fratricide. Je sentais que mes compétences agricoles pouvaient participer à cet élan. En même temps, et je m'en suis rendu compte très vite en m'installant à Alger, ce n'est pas ce court séjour qui permettait vraiment de comprendre l'Algérie à l'aube du XXIe siècle.

En 2000, nous nous sommes installés à El Harrach, dans la banlieue d'Alger. Je n'avais pas encore de travail. Avec Jean, nous avons commencé par animer la communauté chrétienne subsaharienne de Blida, une ville universitaire à 45 kilomètres au sud d'Alger qui accueille de nombreux étudiants d'Afrique noire. L'Église d'Algérie est constituée essentiellement d'étrangers, européens mais aussi, et de plus en plus, venus du sud. Nous éloigner d'Alger permettait aussi de mieux comprendre la réalité du pays. Si le travail auprès des étudiants était précieux, je désirais vraiment trouver une insertion professionnelle dans le monde agricole. Les contacts se sont multipliés. Les négociations avançaient bien avec un agriculteur qui voulait se lancer dans la viticulture, dans la région de Tiaret. C'était un beau projet, mais qu'un étranger travaille dans une exploitation n'est pas si simple, et peut susciter quelques complications.

C'est finalement avec le Comité catholique contre la faim et pour le développement (CCFD) que j'ai pris pied dans une première activité professionnelle, à Tindouf… à presque 2 000 kilomètres d'Alger. Cette ville saharienne plantée en plein désert est aussi une tête de pont pour l'aide internationale accordée aux camps sahraouis. En 1975, l'ancienne colonie espagnole du Sahara occidental est partagée selon les accords de Madrid entre le Maroc et la Mauritanie, tandis que le Front Polisario revendique l'autonomie du pays. En 1979, la Mauritanie renonce à la portion de territoire qui lui était attribuée, terrain bientôt conquis par le Maroc. Au gré de ce conflit toujours pas résolu, près de 150 000 Sahraouis ont trouvé refuge dans le désert algérien. Peuple nomade contraint à l'immobilisme dans un univers de sable, les Sahraouis bénéficient, heureusement et depuis plus trente ans, de l'aide alimentaire internationale sans laquelle ils ne pourraient pas survivre.

Comment tenir, en effet, sur ces plateaux particulièrement arides, alors que les enjeux politiques restent forts ? Avec le temps, les tentes plantées dès 1976 finissent par craquer de toutes parts. Quelques bâtiments en dur s'érigent dans la caillasse. Les quatre camps de réfugiés à quelques encablures de Tindouf sont de véritables villes du désert, où les familles cherchent désespérément à s'occuper. La volonté des Sahraouis est encore vive, mais les défis sont colossaux. Le gouvernement sahraoui a très vite organisé l'enseignement scolaire. L'aide humanitaire se diversifie. Par exemple, un véritable « pont aérien » envoie chaque année des centaines d'enfants en vacances, accueillis par des familles espagnoles. Si le plan alimentaire mondial de l'ONU fournit une grande part des denrées élémentaires de base, il y a beaucoup à faire pour venir en aide à la population qui, pour la majeure partie désormais, n'a jamais connu que la vie des camps. Le projet du CCFD a pour ambition de créer une petite structure d'élevage de 300 brebis avec 6 à 8 hectares d'orge et de luzerne pour les nourrir. Bien sûr, cela ne résout pas les problèmes des camps, mais c'est un signe d'espoir, un début d'avenir pour ces populations déracinées. Le *wali* (préfet) me disait souvent : « Faites naître en nous une espérance ! » En quatre ans, j'ai mené une vingtaine de missions de une à deux semaines, me rendant à Tindouf en avion. Par la route, il y faudrait plusieurs jours… Aujourd'hui, Jean-François poursuit le travail, inlassablement, berger volontaire d'un troupeau précieux, au cœur du désert… Comment ne pas penser au Petit Prince de Saint-Exupéry : « S'il te plaît… dessine-moi un mouton ! »

Mais cette mission dans le sud-ouest saharien ne constituait pas pour moi une activité pleine et entière. C'est sur la route entre Alger et Médéa que s'est décidé mon avenir en Algérie, un certain 21 mai 2001. Exactement cinq années après l'assassinat des sept frères de Tibhirine.

III

S'ENRACINER À TIBHIRINE

Au cours de mes premiers mois en Algérie, je me suis rendu une seule fois au monastère de Tibhirine en septembre 2000, pour accompagner un ami. C'est, pour toute l'Église d'Algérie, un lieu fort, et depuis toujours. Mais la mort des moines, le fait qu'il était impossible d'y résider ensuite, n'en facilitait pas l'accès. Les conditions de sécurité, les autorisations à solliciter ne poussaient pas à s'y rendre. Et puis, la principale raison d'aller à Tibhirine était de rencontrer les frères. Eux disparus, quel sens auraient des visites multipliées ?

Le 20 mai 2001, Dom André Barbeau, alors père abbé d'Aiguebelle et responsable de Tibhirine, est à Alger. Il vient pour la cérémonie en mémoire des moines qui a lieu le lendemain, là-haut, au cimetière, cinq ans après leur mort. Coup de téléphone : en deux mots, il m'invite à l'accompagner. Tôt, nous prenons la route, sous bonne escorte, vers la montagne. Homme chaleureux et enjoué, à la barbe fournie, André Barbeau a vécu de très près le drame de Tibhirine : il assurait à l'époque des responsabilités internationales auprès de l'abbé général de l'Ordre. Élu abbé d'Aiguebelle ensuite, c'est lui qui a, en grande partie, exploré les archives de Tibhirine. Sur la route, alors même que doivent lui revenir en mémoire les heures tragiques de l'annonce de la mort des moines, il me partage son souci : les frères qui, depuis 1998, sont à Alger en vue de constituer une nouvelle communauté pour le monastère, ne pourront pas revenir à Tibhirine avant longtemps. L'ordre cistercien a donc décidé de renoncer à ce retour. En accord avec Mgr Teissier, il me demande si je peux prendre en charge la gestion du domaine : « Nous quittons l'Algérie, mais nous souhaiterions continuer une présence. Est-ce que tu acceptes d'être le responsable de Tibhirine, en particulier des terres et du monastère ? »

Ce qui primait, c'était qu'il y ait encore un lien avec la population. Nous avons attaqué la montée de Tibhirine. Cette route escarpée, défoncée vers la fin, je la connais par cœur maintenant. Mais quelle émotion ce jour-là ! Non seulement je montais vers le monastère cinq années après la mort des moines, jour pour jour. Mais on attendait de moi une réponse qui, je le sentais bien, était lourde de responsabilités. Devant les tombes des frères, en présence de Mgr Teissier et d'une vingtaine de villageois de Tibhirine, de quelques autres personnes encore, André Barbeau a annoncé que les moines quittaient Tibhirine. La nouvelle a été annoncée en français et en arabe, en précisant qu'une forme de présence chrétienne se poursuivrait, notamment pour l'exploitation menée en association avec quelques villageois. Mohammed, Youssef et Samir pouvaient continuer leur travail. Mais pour le reste…

J'ai pris trois jours de réflexion. Deux mois avant, en mars 2001, les moines avaient planté cinq hectares de pommiers. Signe d'espoir… Mais ils ne pouvaient plus s'en occuper. Fallait-il renoncer à ce bourgeon qui allait faire revivre Tibhirine ? Il ne s'agissait pas seulement du verger, évidemment, mais de toutes les relations humaines que cela impliquait… Au cours de la journée du 21 mai, dans le petit cimetière, j'ai éprouvé avec force tout ce que pouvait être cet héritage de Tibhirine dont j'étais bien indigne. Je n'étais pas moine, je n'ai pas connu les frères, et c'est à moi que pouvait incomber la responsabilité d'une présence en ces lieux. J'ai lu et relu le testament de Christian de Chergé. Je le relis encore souvent aujourd'hui. Dans ces lignes, j'ai trouvé la trace d'un frère. J'ai compris aussi que devenir le jardinier de Tibhirine allait m'engager bien au-delà de la gestion du monastère. En acceptant, je recevais une part inestimable de la vie, de la mémoire, de la foi des martyrs de l'Atlas. Et j'ai accepté.

En 1996, en Égypte, je me souviens avoir été bouleversé par le drame vécu par les moines, alors que je travaillais dans la vallée du Nil. J'étais touché comme tout le monde, en percevant peut-être davantage tout ce qu'implique une présence chrétienne en terre étrangère, en pays musulman. Sans jamais imaginer que je partagerais un jour la terre de ces frères moines. Avant le drame, j'ignorais l'existence même de cette petite communauté trappiste en Algérie. Aujourd'hui, sans usurper une place qui n'est pas la mienne, je suis des leurs, à ma manière. La population de Tibhirine ne s'y trompe pas, lorsqu'elle considère que je suis un moine un peu différent, tout d'abord parce que je suis seul. Tout ce que j'ai lu des frères, tout ce qu'on me raconte à leur sujet insiste sur cette dimension communautaire, sur leur vie de prière rythmée par les offices… Ils formaient une communauté monastique à part entière, et je n'ai jamais eu l'illusion ou la prétention de les suivre sur ce chemin. Mais je me retrouve parfaitement dans la façon dont ils vivaient la rencontre avec la population. Là encore, selon mes capacités. Il n'y a d'ailleurs pas de confusion possible. La petite porte du monastère, qui donne sur une petite cour agréablement ombragée, n'est plus utilisée. Les patients du toubib s'agglutinaient à cet endroit. En entrant dans le monastère, sur la gauche, se trouvait son dispensaire. Le long du mur, sur les pierres de taille accolées, les femmes, les enfants patientaient. On entendait, paraît-il, frère Luc qui bougonnait en sortant de sa pièce pour traverser la cour jusqu'à la chambre où il stockait les médicaments. Et puis il reprenait ses consultations. Pendant plus de cinquante ans, il a soigné des milliers de malades, et ceux-ci lui sont encore reconnaissants aujourd'hui. Ils sont nombreux à revenir à Tibhirine pour lui rendre hommage.

C'est encore sur cette petite cour, juste en face de la porte qui vient de l'extérieur, que donnait la cellule du frère portier. Lors de la fameuse nuit de l'enlèvement, le 26 mars 1996, frère Jean-Pierre dormait, et n'a rien entendu, ce qui laisse présumer que les ravisseurs se sont introduits dans l'enceinte du monastère par le jardin. La porterie est restée en l'état, depuis que les moines ont quitté le monastère. Les effets personnels ont été dégagés. J'ai aidé encore lors de mon arrivée au déménagement de la bibliothèque, par exemple. Mais l'espace réservé aux moines, la clôture, n'a pas été modifiée, et si je suis intervenu de temps à autre pour des travaux de sauvegarde, je ne vis pas dans ces lieux encore chargés de la présence monastique. D'ailleurs, les visiteurs ne franchissent qu'exceptionnellement la clôture : dans toutes les abbayes du monde et selon la règle monastique, l'espace des frères n'est pas accessible... Pourquoi faudrait-il modifier la situation aujourd'hui ? Je ne cesse de le répéter : je ne suis pas gardien d'un musée.

En revanche, la chapelle est un lieu vers lequel je mène volontiers les gens de passage. Donnant toujours sur la petite cour, le lieu de la prière est toujours en usage, et il m'arrive régulièrement d'y célébrer l'eucharistie quand il y a des visiteurs chrétiens. Le coffre kabyle en bois sculpté sert d'autel. Installée en 1976 dans l'ancien pressoir du domaine viticole créé au XIXe siècle, la chapelle a entendu des milliers de chants psalmodiés, des centaines de prière murmurées… Dans ses murs même, elle porte la force du témoignage des moines. Sur le flanc droit de cette chapelle austère, restent plaqués au mur les carreaux de céramique faïencée qui couvraient l'intérieur des cuves recueillant le raisin. Ce sobre parement fait mémoire du travail de la terre, mais aussi du raisin pressé pour rendre le fruit de la vigne. Sur le côté gauche, donnant sur une petite cour intérieure réservée aux moines, un vitrail : « Marie, conçue sans péché, priez pour nous qui avons recours à vous. » Autour de Notre-Dame éclatante de bleu, quelques symboles, un poisson, un agneau, une abeille… Préfiguration de la vie en plénitude, le vitrail répond à ce mystère du raisin broyé, piétiné.

Sept fois par jour, ils se retrouvaient pour prier dans cette chapelle. Sans compter cette prière silencieuse, personnelle, intime, que les moines ont vécu jusqu'aux derniers instants. À quelques heures même de leur enlèvement. Comment ne pas se remémorer aussi cet épisode que Christian de Chergé avait raconté d'une prière partagée il y a bien longtemps. Le soir du 21 septembre 1975, en pleine période de ramadan, alors qu'il n'est pas encore prieur, frère Christian se rend à la chapelle. Le dernier office de complies a été chanté par la petite communauté, et il souhaite prendre encore un temps d'adoration silencieuse, alors que le monastère entre dans la nuit. Il sent alors la présence d'un autre dans la chapelle. Un homme en prière – mais ce n'est pas un moine – qui laisse venir les mots sur les lèvres : « *Allah 'Akbar !* » Commence alors, entre silence et prière à deux voix, un moment de grâce inédit, inouï. « L'arabe et le français se mélangent, se rejoignent mystérieusement, se répondent, se fondent et se confondent, se complètent et se conjuguent, a raconté Christian. Le musulman invoque le Christ. Le chrétien se soumet au plan de Dieu sur tous les croyants, et l'un d'entre eux qui fut le prophète Mahomet[1]. »

Ils prennent une telle force, ces récits des frères de Tibhirine que je découvre petit à petit, et encore aujourd'hui. Les histoires sont nombreuses. Nous avons la chance d'en garder la trace, par les écrits de frère Christophe et de Christian de Chergé. Une simple anecdote en dit beaucoup plus qu'une

1. *L'invincible espérance*, Christian de Chergé, Bayard, Paris, 1997, p. 35.

démonstration théologique. Bien sûr les travaux du prieur de Tibhirine, par exemple à propos du dialogue interreligieux, sont un trésor dont nous découvrons seulement l'étendue. Mais le dialogue qu'il a eu avec un villageois peut aussi résumer avec humour toute une attitude, une conviction, une vérité. L'échange est connu, mais il m'est précieux, et je reprends souvent le récit qu'a fait Christian de Chergé de cette rencontre qui résume à merveille la quête commune des croyants qu'ils étaient. « Depuis qu'un jour il m'a demandé, tout à fait à l'improviste, de lui apprendre à prier, M. a pris l'habitude de venir s'entretenir régulièrement avec moi. Nous avons ainsi une longue histoire de partage spirituel. Souvent, il m'a fallu faire court avec lui, quand les hôtes se faisaient trop nombreux et absorbants. Un jour, il trouva la formule pour me rappeler à l'ordre : Il y a longtemps que nous n'avons pas creusé notre puits ! L'image est restée. Nous l'employons quand nous éprouvons le besoin d'échanger en profondeur. Une fois, par mode de plaisanterie, je lui demandai : Et au fond de notre puits, qu'est-ce que nous allons trouver ? De l'eau musulmane, ou de l'eau chrétienne ? Il m'a regardé, mi-rieur, mi-chagriné : Tu te poses encore cette question ? Tu sais, au fond de ce puits-là, ce qu'on trouve, c'est l'eau de Dieu[1]. »

1. *Sept vies pour l'Algérie*, Bayard/Centurion, 1996, p. 46.

Depuis sa création audacieuse et conquérante, Tibhirine va d'appauvrissement en appauvrissement... Peut-être est-ce aussi un effet de l'Évangile ? À ses débuts, il y avait près de mille hectares à Staoueli. Et puis les moines durent abandonner. Pour revenir en 1938 et il faut bien admettre que la communauté trappiste était à l'image de son époque, symbole d'une colonisation, française et chrétienne. Le monastère se suffisait à lui-même, il exerçait une certaine puissance économique sur la région. J'ai vu des photos, et même de vieux films en noir et blanc où, dans la grande tradition catholique, les moines organisaient la procession du Saint-Sacrement avec faste. Les temps n'étaient guère – à quelques exceptions près – au dialogue avec les croyants de l'islam, et les trappistes étaient moines à Tibhirine comme dans n'importe quelle abbaye de l'ordre. Et plusieurs moines ont d'ailleurs choisi de retourner en France à l'heure de l'indépendance algérienne pour poursuivre cette vie monastique enclose. D'autres sont restés, comme le frère Luc, extraordinaire et fidèle, arrivé à Tibhirine en 1946, tout comme frère Amédée... Les autres frères constituaient une tout autre génération, avec Jean-Pierre arrivé en 1964, Christian en 1969, Christophe en 1974. Les quatre derniers, Michel, Bruno, Célestin, Paul n'étaient en Algérie que depuis les années 1980. C'est dire s'ils étaient dans une autre démarche, faite de rencontre et d'humilité. Lorsqu'on se trouve être étranger, tellement minoritaire, le dialogue est de l'ordre de la proposition.

Et voilà qu'en 1992 l'Algérie se déchire : la petite communauté se trouve plus que jamais dépendante des autres, à peine tolérée par certains, bientôt violemment visée par d'autres. De dépouillement en appauvrissement, il ne reste plus que le testament de Tibhirine que j'essaie de maintenir dans le concret de relations humaines, telle une petite flamme vacillante, menacée par les vents sauvages de l'intolérance.

Le monastère est vide, et pourtant encore habité de la vie si intense de cette petite communauté. C'est encore plus palpable pour tous ceux qui, des années durant, sont venus se ressourcer au monastère. Le bâtiment de l'hôtellerie, un peu en retrait par rapport aux espaces conventuels, est encore animé par les groupes de passage. C'est là qu'ils peuvent poser leurs affaires quand ils viennent passer une journée, partager un pique-nique. L'hôtellerie correspond à cette vocation d'accueil de la tradition monastique. En même temps, comme bien souvent dans les abbayes, légèrement à l'écart, elle n'est pas investie de la même présence des frères. Pour la plupart des chrétiens d'Algérie, des prêtres et des religieux, Tibhirine était et reste une référence. Comme un point de focalisation, un lieu où l'on pouvait faire retraite, une source où l'on aimait retrouver les moines. Il n'y en avait pas ailleurs : c'était le seul endroit où des moines subsistaient en Algérie. C'était, selon l'expression du cardinal Duval, « le poumon du diocèse ». Ceux qui sont venus y passer quelques jours avant le drame restent profondément troublés quand ils se retrouvent dans les lieux, comme en témoigne, notamment, Bernard Janicot, prêtre à Oran depuis de longues années : « Ce n'est qu'une fois franchie la porte en fer que l'étrangeté de l'atmosphère me saisit, raconte celui qui, en 2005, revient à Tibhirine. Un manque, une vie, une absence. Manque au rendez-vous la voix chaleureuse et toujours enjouée de frère Célestin, longtemps frère hôtelier [...]. Ils n'étaient plus là, je ne les rencontrerai plus ; je ne verrai plus Christian descendre les quelques marches de l'escalier menant à sa cellule ou Christophe se diriger vers le jardin potager, je n'entendrai plus Célestin me demander si tout se passait bien. Et mystérieusement, leurs présences étaient manifestes. Leurs présences habitaient ce lieu, m'habitaient moi-même[1]. »

1. *Prêtre en Algérie, 40 ans dans la maison de l'Autre*, Bernard Janicot, Karthala, Paris, 2010.

IV

RISQUER LA RENCONTRE

Je crois n'avoir pas été tout à fait conscient, au départ, du lourd héritage qui m'était octroyé. La demande portait tout d'abord, selon moi, sur la dimension professionnelle de la mission qu'on me confiait : après plusieurs contacts infructueux, c'était une belle occasion de rentrer dans le monde agricole rural algérien ! Par rapport aux emplois que j'avais pu connaître, il s'agissait d'une petite exploitation. Je me rends compte que j'ignorais tout des frères. Aujourd'hui encore, semaine après semaine, mois après mois, année après année, je creuse le message inépuisable des frères assassinés. Et j'essaie de garder leur mémoire au contact des villageois. Dans le travail quotidien, avec Youssef et Samir, il n'y a pas de jour où l'on ne parle pas des moines.

Travailler dans un monastère n'est pas anodin. Ma mission va au-delà de la gestion agricole. Ne serais-je pas devenu le « frère portier » de Tibhirine ? De la vocation monastique, je reçois cette capacité et cette obligation d'accueillir les gens de passage, quels qu'ils soient. Ouvrir la porte, être présent autant que possible pour accueillir. Il n'est pas toujours facile de mener à bien les travaux du verger, du potager, tant cette priorité de l'accueil peut à tout moment me faire descendre du tracteur, arrêter les semis, déposer le sécateur… Mais le plus important reste pour moi d'ouvrir le grand portail du monastère quand on frappe à la porte. Non plus l'ancienne porte du monastère, mais bien le portail qui mène aux dépendances, l'entrée de service, alors même que j'ai installé une petite cuisine pour les ouvriers et moi-même dans le local attenant.

Quelle réponse aux ravisseurs qui ont créé la terreur, ont enlevé et assassiné les moines ! Envers et contre tout, les gens continuent de venir. Et Tibhirine reste un lieu ouvert. Un lieu ouvert à tous, sans distinction. Aussi bien à la famille algérienne dont le père a été guéri par le frère Luc, qui se souvient que le toubib soignait bien, et qui veut revoir le lieu où leur père a été accueilli, qu'au groupe de pèlerins, en route vers l'Assekrem du frère Charles de Foucauld, qui fait étape. Et Tibhirine deviendra peut-être un jour un lieu de pèlerinage, de ressourcement, quand les déplacements seront plus faciles en Algérie. Mais ce peut aussi être simplement la visite d'un voisin qui a besoin d'un outil, d'un coup de main, d'un service, d'un villageois qui a besoin d'un conseil agraire, ou qui veut me partager la peine d'un décès dans sa famille. Pendant des dizaines d'années, le monastère est resté un lieu ouvert, et souvent dans des conditions autrement plus difficiles qu'aujourd'hui. Cette disponibilité est un des soubassements de ma présence.

Le monastère était et doit rester autant que possible une plaque tournante, un lieu dans lequel on rentre et on sort, pas n'importe comment ni n'importe quand, mais où la vie circule. Le prieuré était fait de la prière des gens qui vivent au monastère, et de la prière de la vie des gens qui l'entourent. L'essentiel du message que je reçois est dans le lien si fort entre la communauté et la population. C'est à ce même point central que se joue l'actualité des frères, et non dans les murs. Si le monastère est tourné vers l'intérieur, il a son intérêt : c'est un lieu de prière. Mais la prière ne devient prière que si elle ressent, par la porte ouverte, les coups de vent, la brise qui vient de l'extérieur, s'il y a un échange avec la vie des hommes et des femmes. Prier, à Tibhirine comme ailleurs, dans la foi catholique, n'est pas réciter des prières, mais bien ressentir et épouser les aspirations des êtres et les présenter à Dieu.

À travers la chance de mon travail agricole, c'est ce que j'essaie de ressentir y compris dans mon corps. À quoi communient les gens ? À quoi aspirent les hommes et les femmes de ce temps ? Il faut donner chair aux psaumes que toutes les communautés chrétiennes reprennent quotidiennement. Elles ne répètent pas des chants millénaires, mais tentent de faire un pont entre ces prières et le cri des hommes d'aujourd'hui. À la suite des frères de Tibhirine, j'aime prier les psaumes en relation avec une population. Et j'espère de tout mon cœur qu'une communauté de priants viendra un jour prendre la suite de Christian, Christophe, Amédée, Luc, Célestin et les autres…

Nous sommes invités à poursuivre et réinventer chaque jour l'Église de la rencontre. Je crois fermement qu'il n'y a pas d'autre visage d'Église possible en terre musulmane ou en terre non chrétienne. J'irai plus loin : peut-être même l'Église d'Algérie a-t-elle quelque chose à dire à l'ensemble de l'Église sur cette façon d'être en relation avec le monde… Bien sûr, à chaque pays correspond une réalité bien différente. Pour y avoir vécu de longues années et dans des communautés différentes, je me souviens par exemple que l'Égypte est un pays à majorité musulmane, mais au sein duquel une forte minorité chrétienne peut exister physiquement, publiquement, en comptant 7 à 8 millions de fidèles au cœur d'une population de 75 millions d'habitants. L'Église d'Algérie ne dénombre que quelques milliers de chrétiens dans un pays de quelque 35 millions d'Algériens. Si je cherche encore à comparer les deux situations, l'Église d'Égypte est une Église autochtone, qui a précédé l'islam, alors qu'en Algérie, même s'il y a eu des communautés chrétiennes historiques du temps de saint Augustin, il s'agit d'une Église aujourd'hui totalement différente, ne comptant que quelques rares chrétiens algériens, et une majorité des pratiquants venus d'Occident ou d'Afrique subsaharienne. Il n'y a pas d'autre issue que de devenir une « Église de la rencontre », sortir de soi-même et franchir la porte pour aller au cœur de la société musulmane.

De nouvelles communautés tentent parfois de s'implanter en Algérie en professant leur foi, cherchant à convaincre par l'évangélisation de rue, l'appel à la conversion, etc. Comment entrer en relation de cette manière ? La rencontre induit deux mouvements : elle appelle mon propre mouvement vers l'autre… et espère que l'autre vienne vers moi. Cette double avancée n'est pas évidente. Je me souviens d'une adolescente qui me prit à partie un jour :

« Et toi, Jean-Marie, tu n'as pas envie d'aller au paradis ? me dit-elle légèrement moqueuse.

– Bien sûr que si ! Pourquoi me dis-tu cela ?

– Tu dois te faire musulman alors !

– Parce que c'est toi qui as la clé du paradis ? » fis-je alors remarquer.

Pour de nombreux chrétiens comme pour beaucoup de musulmans, entrer dans une démarche de rencontre n'est pas facile. Parce qu'il est plus confortable de s'en tenir à ses propres définitions. Parce qu'ensuite, la rencontre de l'autre me rend vulnérable. L'échange va passer ma foi au moulin, et je ne peux pas sortir indemne de la rencontre de la foi de l'autre. C'est ce que je vis dans ma propre existence : la foi musulmane entre par les pores de ma peau et modifie ma manière de comprendre la foi chrétienne. Pour moi, c'est l'islam qui est interrogation. Pour d'autres, ce sera une autre religion, au contact de laquelle chacun peut se trouver. L'enjeu n'est pas d'exclure ni de ramener à soi. Fondamentalement, la question n'est pas l'un *ou* l'autre, l'islam ou le christianisme. Depuis longtemps, je ne me place plus sur ce schéma d'évitement. Ce que Jean-Paul II a rappelé à diverses occasions d'ailleurs. Lors de sa visite au Nigeria, par exemple, il évoquait une vraie fraternité entre les croyants au Dieu unique : « Tous, chrétiens et musulmans, nous vivons sous le soleil de l'Unique Dieu de miséricorde. Les uns et les autres, nous croyons au Dieu unique, créateur de l'homme… Nous adorons Dieu et professons une totale soumission à son égard. Nous pouvons donc, au vrai sens du terme, nous appeler frères et sœurs dans la foi au Dieu unique[1]. »

Mais tout n'est pas encore dit quand on a affirmé qu'il y a plusieurs chemins pour aller vers Dieu. Encore faut-il que l'autre le reconnaisse ! S'il n'y a que moi qui le pense, ça n'a pas beaucoup de conséquences.

1. *Documentation catholique*, 1982.

Plusieurs chemins vers Dieu, c'est difficile à croire dans l'Église d'aujourd'hui, c'est difficile aussi pour les musulmans. Au cours des échanges que les frères pouvaient vivre avec les gens de Tibhirine, tous ne pouvaient pas accéder à ce genre de conversation, mais la discussion pouvait aussi bien porter sur le travail de la terre, la vie des familles, et Dieu. Chacun le sien… mais parler de Dieu est chose possible en terre musulmane.

Au moins l'Occident pourrait-il retrouver, dans une société laïque, voire déchristianisée, ce terrain de dialogue. Pourquoi l'Église n'expérimenterait-elle pas aussi, en France, ce visage de l'Église de la rencontre ? Je crois qu'il est possible que l'Église soit dans sa dimension la plus profonde en étant une Église au service des autres, une Église qui se nourrit de la foi, et aussi de la non-foi, de l'indifférence des autres. Elle se doit de démentir l'image trompeuse qui lui colle à la peau d'une Église qui condamne, qui juge, pour révéler une Église qui ressent, qui fait siennes les interrogations des hommes d'aujourd'hui.

L'héritage des moines dépasse largement les circonstances particulières et difficiles de l'Église d'Algérie, comme le résume le théologien Christian Salenson : « L'expérience de Tibhirine est un signe des temps offert à toute l'Église […]. Peu à peu s'est forgée en moi l'intime conviction que ce petit monastère précaire dans une Algérie étouffée était, pour notre temps, un signe de l'Esprit proposé à tous[1]. »

La rencontre pour l'Église d'Occident, elle est déjà vécue en bien des occasions, mais je pense qu'elle va s'approfondir petit à petit dans un tissu social non pas vraiment incroyant, mais au moins indifférent. Lors de mes séjours en France, j'ai la nette impression que la foi en l'homme n'arrive plus à accéder à la « foi en Dieu ». Peut-être la rencontre est-elle finalement plus facile entre croyants, chrétiens et musulmans ou juifs, qu'avec des hommes et des femmes gagnés par l'indifférence... Qu'il est difficile, de nos jours, de parler de Dieu, jusque dans nos familles ! Les discussions n'en finissent plus sur le travail, les salaires, les retraites, le sport, la politique, les loisirs... Mais tout ce qui a trait à Dieu, à l'au-delà, à la transcendance, est bien délicat à aborder. Ce qui est de l'ordre de la foi ne fait plus partie de l'univers à partager.

Peut-être est-ce le refus de notre finitude qui conduit à cette surdité ? C'est quand l'homme se pose la question de la mort, qu'il envisage la fraternité. Les funérailles sont d'ailleurs un des rares moments où s'exprime avec une véritable intensité la solidarité humaine. Mais la mort est devenue taboue dans nos sociétés occidentales. Nous cherchons à donner à la vie le maximum d'épanouissement comme si c'était une

1. *Christian de Chergé. Une théologie de l'espérance* de Christian Salenson, Bayard, Paris, 2009, p. 39.

vie sans fin, une vie jusqu'à un infini. L'interrogation de la finitude de l'homme, de la mort, est trop absente des conversations.

Je ressens d'autant plus ce manque que l'islam ne cesse de tourner autour de ces sujets. Les musulmans que je côtoie ont une vive conscience que la vie est un don, qu'elle est provisoire et passagère. Dans ces échanges, je reçois de l'autre ce qui vient nourrir ma propre foi. Il ne s'agit pas de devenir semblable, et l'Église de la rencontre accepte de devenir elle-même, de s'épanouir, alors même que l'autre entre en relation et me modifie. Entrer en communion avec l'autre, parce qu'il est autre, différent, me touche. Si je ne rencontre que mes semblables, qui suis-je vraiment ? Il faut oser se décentrer : la foi reste vivante dans des communautés humaines totalement différentes des nôtres. Comment cette réalité va-t-elle éclairer ma propre démarche ?

Christian de Chergé a expliqué à de multiples reprises que son identité chrétienne était forgée par la rencontre qui s'enracine dans la découverte respectueuse de l'autre. C'est à sa mère qu'il doit cette première découverte du croyant musulman, telle qu'il la racontait déjà en 1983 : « Voici quarante ans cette année même que, pour la première fois, j'ai vu des hommes prier autrement que mes pères. J'avais cinq ans, et je découvrais l'Algérie pour un premier séjour de trois ans. Je garde une profonde reconnaissance à ma mère qui nous a appris, à mes frères et à moi, le respect de la droiture et des attitudes de cette prière musulmane. "Ils prient Dieu", disait ma mère. Ainsi, j'ai toujours su que le Dieu de l'islam et le Dieu de Jésus-Christ ne font pas nombre[1]. »

C'est ensuite une rencontre beaucoup plus rude que fait Christian de Chergé avec la foi différente de la sienne, quand il revient en Algérie pour son service militaire pendant la guerre d'Algérie. Cette intuition de sa foi chrétienne révélée par la rencontre est encore plus vive, en particulier par le visage de ce père de famille qui a finalement été assassiné par ses compatriotes pour avoir pris la défense du jeune soldat. Mohammed s'est interposé alors que Christian de Chergé était pris à partie. Le lendemain, l'ami musulman est retrouvé mort près du puits du village… « Parvenu à l'âge d'homme et affronté, avec toute ma génération, à la dure réalité du conflit de l'époque, il m'a été donné de rencontrer un homme mûr et profondément religieux qui a libéré ma foi en lui apprenant à s'exprimer, au fil d'un quotidien difficile, comme une réponse de simplicité, d'ouverture et d'abandon à Dieu. Notre dialogue était celui d'une amitié paisible et confiante qui avait la volonté de Dieu pour horizon, par-dessus la mêlée. Cet homme illettré ne se payait pas de mots. Incapable de trahir

1. *L'invincible espérance, op. cit.*

les uns pour les autres, ses frères ou ses amis, c'est sa vie qu'il mettait en jeu malgré la charge de ses dix enfants. [...] Dans le sang de cet ami, j'ai su que mon appel à suivre le Christ devait trouver à se vivre, tôt ou tard, dans le pays même où il m'avait été donné ce gage de l'amour le plus grand[1]. » Pour Christian de Chergé, nul doute que sa vocation doit s'enraciner en Algérie. Une fois achevé son séminaire des Carmes à Paris, il sera nommé vicaire à Montmartre, en 1964. Durant ces années se forge ce projet de rejoindre la trappe de Tibhirine : « Pour Christian de Chergé, la vie monastique est première mais inséparable de l'islam, en relation suivie, amicale et existentielle avec des voisins et des amis musulmans, dans une communauté de frères », analyse Christian Salenson[2].

À son tour, avec ses frères, Christian de Chergé a payé de sa vie cet amour de l'autre, don total d'une existence accordée à Dieu. Je me demande parfois pourquoi ils sont restés. Comme d'autres m'interrogent de temps à autre : pourquoi suis-je venu ? Les circonstances ne sont plus les mêmes. Certes, les cicatrices des années noires sont encore vives, et le quotidien d'un étranger en Algérie n'est pas toujours simple, mais je ne me sens pas en danger. Il y a toujours, pour l'instant, l'escorte de gendarmerie

1. *Ibid.*
2. *Christian de Chergé. Une théologie de l'espérance*, *op. cit.*

qui m'accompagne dans les allers-retours entre Alger et Tibhirine. Certains me demandent pourquoi j'ai accepté cette protection : l'important est bien d'accéder au monastère. Certes, l'escorte ne facilite pas toujours la circulation, mais je suis un étranger, et je ne vois pas comment refuser les règles du jeu. Elles tiennent peut-être tout autant d'une stratégie qui m'échappe que de véritables questions de sécurité. Ces conditions ne sont pas contraignantes au point de me décourager et de me détourner de la mission qui m'a été confiée. Les relations que je peux avoir avec les gendarmes ne font-elles d'ailleurs pas partie – aussi – de cette réalité algérienne que je veux partager au quotidien ? Un jour à la fois. Dans le passé, j'ai enraciné ma vie dans d'autres lieux. Par ma vocation, je suis disponible, et je serai peut-être un jour appelé à une autre mission. Ce que j'espère, c'est que je ne serai pas contraint de partir par la violence. Si la situation devait se détériorer, je ne peux préjuger de la décision que je prendrais. Je sais que je n'ai aucune vocation pour le martyre et le sacrifice, mais jamais les moines n'ont éprouvé cette tentation. Ensuite, comme eux, je ne prendrai pas de décision seul. Leur présence avait un sens autrement plus fort que mon travail là-haut. Comme le rappelle Christian de Chergé dans son testament, leur personne même était tout entière donnée à un pays : « S'il m'arrivait un jour – et ce pourrait être aujourd'hui – d'être victime du terrorisme qui semble vouloir englober maintenant tous les étrangers vivant en Algérie, j'aimerais que ma communauté, mon Église, ma famille se souviennent que ma vie était donnée à Dieu et à ce pays. »

V

LES STIGMATES DE LA VIOLENCE

Quand il m'arrive de gravir le petit escalier de bois qui mène aux chambres – aux cellules des moines – je suis frappé par le contraste de cette maison vide, par les chambres désormais désertées… Comment ne pas ressentir l'effroi de cette nuit terrible du 26 mars 1996 dont le déroulement a été plus ou moins reconstitué. Les murs ne nous raconteront pas la violence du commando islamiste qui saisit les moines dans le sommeil. Il n'y avait, en ce printemps naissant, pas plus de raisons de s'inquiéter. Pas moins non plus. Il règne plutôt une atmosphère joyeuse : frère Paul est rentré dans la journée d'un séjour en France, et a rapporté un fromage de l'abbaye de Tamié. Frère Bruno est arrivé de Fès, au Maroc, où Notre-Dame de l'Atlas a essaimé en créant une petite communauté. C'est par le jardin qu'une vingtaine d'hommes en armes se sont introduits dans le monastère, intimant l'ordre à un des ouvriers de leur ouvrir le portail. La [illegible]té des agresseurs ne fait guère de doute : les [illegible]ux ont été fouillés, saccagés. L'appareil photo de [illegible]rère Christian et sa machine à écrire sont dérobés. Le fromage, marqué d'une grande croix, est délaissé. Les ravisseurs ne connaissaient manifestement pas précisément la communauté. Ils viennent capturer sept moines, et ignorent l'identité de ceux qu'ils veulent enlever, puisqu'une fois arrivés à leur compte, ils quittent précipitamment les lieux, laissant désemparés frère Jean-Pierre, le portier, et frère Amédée qui s'était enfermé dans sa chambre. « Je fus réveillé par le bruit insolite de cartons de médicaments que l'on renversait bruyamment. Je réalise de suite qu'ils sont là, qu'ils sont venus en pleine nuit. Ce dont je ne me faisais aucune illusion se réalisait ! »

L'inquiétude dura cinquante-six jours. Pour s'achever dramatiquement, avec l'annonce de l'exécution des moines, puis la découverte de leurs têtes, uniquement, quelques jours plus tard, sur la route menant à la ville de Médéa. Quand je passe à cet endroit, je suis bouleversé par cette macabre découverte, d'une violence inouïe. Christian craignait tellement que, s'il leur arrivait malheur, l'opprobre retombe sur le peuple algérien : « Je ne saurais souhaiter une telle mort ; il me paraît important de le professer. Je ne vois pas, en effet, comment je pourrais me réjouir que ce peuple que j'aime soit indistinctement accusé de mon meurtre. C'est trop cher payé ce qu'on appellera, peut-être, la “grâce du martyre” que de la devoir à un Algérien, quel qu'il soit, surtout s'il dit agir en fidélité à ce qu'il croit être l'islam, écrit le prieur de Tibhirine dans son Testament spirituel. Je sais le mépris dont on a pu entourer les Algériens pris globalement. Je sais aussi les caricatures de l'islam qu'encourage un certain islamisme. Il est trop facile de se donner bonne conscience en identifiant cette voie religieuse avec les intégrismes de ses extrémistes. L'Algérie et l'islam, pour moi, c'est autre chose, c'est un corps et une âme. »

Aux visiteurs qui passent à Tibhirine, je ne peux que reprendre ce qui a déjà été dit de cette tragédie. Je n'en sais pas plus. Il y a encore beaucoup de mystère autour de ce drame, et les révélations qui surgissent parfois doivent être toujours prises avec infiniment de précaution. Je sais seulement que les villageois restent profondément choqués de ce qui est arrivé. Et que les moines connaissaient le danger pour l'avoir déjà éprouvé, durant la nuit de Noël 1993. La violence et les menaces n'ajoutent rien à la vocation des frères : ils n'avaient pas l'ambition du martyre, certainement pas. Mais les heures douloureuses éclairent avec précision leur engagement sans faiblesse. Le 1er décembre 1993 sonne la fin de l'ultimatum lancé un mois plus tôt par le GIA qui intime l'ordre aux étrangers de quitter le pays. Ce jour-là, alors qu'il se trouve à Alger, frère Christian écrit les premières lignes de son testament.

Le monastère entre dans une période intense, d'un peu plus de deux ans, qui va façonner la communauté en profondeur. Les événements se sont succédé, laissant si peu de repos aux frères… Le 14 décembre, douze Croates de confession chrétienne venus travailler sur un chantier, sont assassinés à Tamesguida, à quatre kilomètres du monastère à vol d'oiseau. « Douze hommes, douze frères, ont été égorgés à l'arme blanche. Il faudrait dire encore l'humiliation de tous ceux qui, dans notre environnement, ont ressenti ce massacre comme une injure faite à l'islam tel qu'ils le professent, et cela au double titre de l'innocence sans défense et de l'hospitalité accordée. Si nous nous taisons, les pierres de l'oued crieront jusqu'aux cieux », écrit Christian de Chergé[1]. Quand le soir tombe, je plonge mon regard vers la vallée, et les lumières de Tamesguida scintillent… J'imagine que les moines ont prié bien souvent pour ces victimes toutes proches, qui assistaient parfois à la messe dominicale. Le choc est rude. La communauté est inquiète et bouleversée, comme l'a exprimé frère Christophe dans son Journal : « Le massacre des Croates nous a traumatisés. Oui, car nous ne sommes pas blindés par la clôture. Elle délimite un espace d'accueil, elle figure un espace ouvert : blessée par la souffrance de ce monde, elle pose une résolution d'Amour crucifié face aux ennemis. »

1. *La Croix*, 24 février 1994.

Les frères n'ont jamais été naïfs et savent qu'ils peuvent être directement concernés par cette violence. Ils avaient compris depuis longtemps qu'une menace existait. Et elle n'a pas tardé à surgir en ce mois de décembre 1993. Débarquant la veille de Noël, six hommes armés veulent voir « le pape du lieu ». Sans ménagement, les frères sont regroupés, ainsi que les personnes qui sont à l'hôtellerie. « Nous ne savions trop que penser, raconta ensuite frère Jean-Pierre. Ou plutôt, sans se l'avouer, chacun devait penser : "C'est maintenant notre tour." » Arrogants, les membres du commando mené par Sayah Attiyah trouvent face à eux un homme déterminé : Christian de Chergé reste ferme et ne cesse de rappeler au cours de ce bras de fer que le monastère est « une maison de paix » : « Jamais personne n'est entré ici avec des armes. Si vous voulez discuter avec nous, entrez, mais laissez vos armes dehors. Si ce n'est pas possible, allons dehors. » Ils sortent donc dans la petite cour. Le chef des terroristes réclame des médicaments, de l'argent, et le secours du médecin en cas de besoin. Christian de Chergé ne cède rien, accordant juste la possibilité d'être soigné par le toubib, au dispensaire et non dans la montagne. « Nous avons été visage en face de visage, raconte Christian lors d'une retraite de carême qu'il donne à Alger le 8 mars 1996, quelques jours avant l'enlèvement. Il a présenté ses trois exigences, et par trois fois j'ai pu dire "non", ou "pas comme cela". Il a bien dit : “vous n’avez pas le choix” ; j’ai dit : “si, j’ai le choix”. Non seulement parce que j’étais gardien de mes frères, mais aussi parce que j’étais le gardien de ce frère qui était là en face de moi et qui devait pouvoir découvrir en lui autre chose que ce qu’il était devenu. Et c’est un peu cela qui s’est révélé dans la mesure où il a cédé, où il a fait l’effort de comprendre[1]. » Et Christian de Chergé n’en reste pas là : « Noël, pour nous, c’est la fête du Prince de la Paix et vous venez en armes… » Le chef des rebelles finira presque par s’excuser : « Je ne savais pas… »

Il n’y a rien de triomphant dans l’attitude des moines. Frère Christophe, d’ailleurs, s’est réfugié avec un jeune novice derrière une grande cuve, dans la cave que je connais bien, où j’ai tenté de cultiver des champignons. Ils n’en sortiront que trois heures après le départ des hommes armés, persuadés d’être les seuls survivants… C’est dire si le climat de terreur n’avait pas épargné le monastère, et que les hommes de prière étaient conscients du danger. Les moines n’ont aucune prétention à devenir des héros, ne cherchent pas à se faire valoir, certainement pas. Après coup, le prieur résume la situation sobrement, non sans laisser transpirer le traumatisme subi par la petite communauté : « Après le départ des montagnards, il nous restait à vivre. Nous avons chanté Noël, et

1. *L’invincible espérance*, p. 309.

nous avons accueilli cet enfant qui se présentait à nous absolument sans défense et déjà menacé. Et puis après, notre salut a été d'avoir toutes ces réalités quotidiennes à continuer à assumer : la cuisine, le jardin, l'office, la cloche… Jour après jour[1]… » Il n'y a rien d'autre à faire, et je trouve dans les propos de Christian toute la raison d'être de ma présence à Tibhirine : vivre le quotidien en toute simplicité.

En septembre 1994, frère Luc ne dira pas autre chose dans son journal : « La vie chrétienne, ce n'est pas d'abord d'écrire sur Dieu, c'est de révéler, chacun à sa manière, le visage de Jésus dans la vie de chaque jour. » Avec ce travail de conversion qui engage tout son être : pour Christian, il ne s'agit pas simplement de prier pour l'agresseur, mais d'entrer dans cette même démarche d'abandon : « Seigneur, désarme-moi, désarme-les… »

Si je me reconnais dans leur manière d'être, sur cette terre d'islam, je sais pertinemment que ma présence aujourd'hui n'a rien de commun avec la situation d'alors. Après une pareille alerte, les moines se sont très sérieusement demandé s'ils ne devaient pas partir. « L'ordre a plus besoin de moines que de martyrs », insiste l'abbé général de l'ordre, dom Bernardo Olivera. Ce à quoi Christian de Chergé rétorque que les deux ne sont pas incompatibles. Je

1. *L'invincible espérance*, p. 296.

ne doute pas de l'intense réflexion des frères en ce mois de janvier 1994. Au cœur de l'hiver, rude à cette altitude, on sent l'inquiétude, la peur même, qui les mine, tout particulièrement Christophe qui se livre alors à un véritable combat spirituel. Bien sûr, partir était un signe de sagesse et de prudence. Mais aucun des frères ne semble prêt à s'y soumettre.

Les remarques des villageois ont beaucoup compté dans leur décision de rester : « Vous, vous avez encore une petite porte par où partir. Nous, non. Pas de chemin. Pas de porte », confie Mohammed à frère Christophe. Un autre s'adresse à Christian : « Si vous partez, vous nous privez de votre espoir et vous nous enlevez notre espoir. » Dernier échange encore, qui me revient en mémoire : quand le prieur fait remarquer à une jeune que les frères sont « solidaires des Algériens comme l'oiseau sur la branche », son interlocuteur lui répond aussi vite : « Vous êtes la branche et nous sommes les oiseaux. Si vous partez, où allons-nous nous poser ? »

Rien, désormais, ne les fera revenir sur leur décision : ils restent. Et rien ne peut effacer leur présence. Oserai-je dire que même la mort ne les a pas éloignés de Tibhirine ? Leur souvenir est vif. Ils sont là, dans le petit cimetière à l'ombre des grands cèdres, vigilants comme les « sept dormants » d'Éphèse, à qui beaucoup ont pensé après la mort des moines de l'Atlas. Les dormants sont ces jeunes chrétiens fervents qui, déplaisant à l'empereur Dèce au IIIe siècle, ont été pourchassés et retrouvés plongés dans un mystérieux sommeil. Bientôt emmurés par leur persécuteur, la légende commune à la tradition chrétienne et à la culture musulmane dit qu'ils se réveillèrent une fois le danger passé…

Modestement, à ma manière et sans doute avant qu'une communauté, un jour, ne vienne vivre en ces lieux, selon son charisme, je participe à cette promesse de rester. Aux heures les plus sombres, les moines ont choisi de ne pas partir. Pendant cinq années, leurs frères ont tenu à garder le monastère ouvert, même s'ils ne pouvaient plus y résider pour des questions de sécurité. Mais le rameau de l'Atlas n'allait pas faner si vite, et il y a toujours une branche, fragile et mince, pour que les oiseaux du voisinage puissent se poser, se reposer. Quel beau symbole que ces deux mille pommiers plantés dans le vaste terrain du monastère qui descend jusqu'à la petite école. Les tiges ne faisaient pas plus de 40 centimètres quand je suis arrivé, en 2001. Aujourd'hui, nous négocions la vente de plusieurs dizaines de tonnes de pommes, nous fabriquons une quinzaine de variétés de confitures, nous vendons notre production maraîchère. Dans les anciens chais de l'exploitation viticole, nous avons aussi tenté la culture d'endives et de champignons, que je revendais essentiellement à des établissements hôteliers pour étrangers, car la consommation locale n'est pas très répandue… Tibhirine porte toujours du fruit. Les frères ont voulu rester. En cette terre que j'aime, ils ont incarné ce mystère de l'homme tel que l'annonçait Etty Hillesum face à la barbarie nazie : « Sais-tu que j'ai le pouvoir de te faire mourir, dit le bourreau. Et le martyr a cette réponse : savez-vous que j'ai le pouvoir d'être tué ? »

Bien sûr, la violence qui s'est déchaînée sur eux, les circonstances dramatiques et pour partie encore très mystérieuses, ne laissent pas tranquilles. Mais peut-être est-ce davantage la vie même des frères qui est une interpellation pour nombre de personnes aujourd'hui. Le fait d'avoir lié leur sort à une population jusqu'au bout, d'être restés fidèles, c'est ce qui interroge et bouleverse les Algériens de 2010. Maintenant, le ciel se dégage. Si tout n'est pas réglé, la terreur s'éloigne, la vie est plus facile, en tout cas nettement moins exposée que durant les années noires. Et chacun prend conscience aujourd'hui de cette fidélité sans faille des frères de l'Atlas. Bien sûr, il y avait leur aide précieuse avec les soins de frère Luc, la culture de la terre avec Christophe, l'écoute d'Amédée, le désir d'un dialogue avec les chrétiens pour les musulmans les plus ouverts, la curiosité de certains intellectuels pour la culture française, et il y a encore, notamment, un professeur de français à la retraite qui vient régulièrement au monastère pour parler de littérature. Mais finalement, plus que toute action, c'est leur présence constante qui marque aujourd'hui les esprits. Cette fidélité indéfectible qui fut l'expression la plus profonde et la plus authentique de leur engagement.

Tout les poussait à quitter les lieux. Il y avait des abbayes, en France, prêtes à les accueillir. Moines, Français, étrangers, ils avaient la possibilité de partir sans se retourner sur ce pays qui, en apparence, ne voulait plus d'eux... Après les douze Croates assassinés, il y a eu encore onze religieux et religieuses, qu'ils connaissaient aussi, et près de cent cinquante Européens qui ont été victimes des terroristes. Leur présence – et leur détermination souvent – à vivre en Algérie leur a coûté la vie. Mais les frères n'étaient pas moins sensibles aux victimes si nombreuses du terrorisme sanglant qui a frappé aussi la population locale. Attentats à la voiture piégée, fusillades, bombes dans les bus... Les années noires auraient fait quelque 200 000 victimes... Les voisins du monastère, ceux que frère Luc avait soignés, ceux qui travaillaient au jardin du monastère, ceux qui avaient osé un dialogue avec les moines, n'avaient pas d'autre possibilité que de rester. Les frères sentaient leur sort lié à celui de la population de Tibhirine. Ils n'ont pas déserté. « Si l'Église n'est pas aux lieux de fractures de l'humanité, que fait-elle donc ? » écrivait, quant à lui, Mgr Claverie. Ce fut une grave décision, difficile, âprement discutée. Mais ils n'ont pas quitté le navire et sont restés dans l'embarcation algérienne. Voilà ce que les gens retiennent aujourd'hui.

Pour beaucoup les repères manquent d'ailleurs… Et je suis le premier à m'interroger parfois : comment n'ont-ils pas perçu l'évidence du danger ? Pourquoi ne se sont-ils pas éloignés quelque temps ? Ils ont choisi de vivre jusqu'au bout ce que vivaient leurs voisins algériens. Ils étaient, avec les autres, cette Église d'Algérie exposée, fragile, victime. Cette période violente fut un traumatisme qui n'est pas encore passé, même si beaucoup de ceux qui ont vécu cette époque ne sont plus là, et que les nouveaux – comme moi – reçoivent un héritage qui les dépasse. Père de cette Église d'Alger pendant toutes ces années noires, Mgr Henri Teissier garde dans sa chair la trace de ces dix-huit prêtres, religieux, religieuses, qui ont été assassinés dans son diocèse. Dix-huit victimes auxquelles s'ajoute son frère évêque Pierre Claverie, qui clôt la liste funeste. Henri Teissier, quand il évoque encore leurs visages, ne peut retenir les larmes.

Curieusement, la cicatrice est si profonde que ceux qui sont arrivés depuis les tragiques événements dont ils ne connaissent pratiquement rien, en sont pourtant profondément marqués. Comme, j'imagine, les enfants nés après la Grande Guerre ont ressenti dans leur chair le drame des poilus… Étrangers à cette histoire, nous sommes pourtant façonnés par ce passé. Finalement, n'est-ce pas la posture de tout le peuple algérien, qui a été traversé de part en part par la violence ? Exsangue, il se relève aujourd'hui, hébété, et pourtant vivant. Comme sorti d'un mauvais songe. À notre tour, en dépit de ces cicatrices indélébiles, nous voici amenés à vivre cette « Église de la rencontre ». Non plus dans cette situation exposée d'un pays meurtri, mais au cœur d'une population qui se cherche un avenir.

[illegible] préférence [illegible]

en Égypte [illegible] relative encore [illegible]

rencontre ne [illegible]

entre [illegible]

VI

PRÊTRE EN TERRE ÉTRANGÈRE

Cette « Église de la rencontre » est source d'épanouissement mutuel. Il ne s'agit pas juste de le dire, de l'affirmer, et même d'y croire : il faut, pour que ce soit une réalité, que certaines conditions soient remplies. Cette expérience, je l'ai vécue en Tanzanie, en Égypte, et je l'éprouve encore en Algérie. Car cette rencontre ne vient pas seulement susciter le dialogue entre croyants, mais fait entrer dans une autre culture. Car l'islam n'est pas seulement une religion, c'est une culture, une culture totalement autre. Dans ma vie tout à fait quotidienne, je me trouve confronté à une culture différente, et je suis interrogé sur ma propre culture. Je ressens le besoin, la nécessité de m'enrichir de cette culture, et je ne perds pas pour autant mes propres repères. Cette dimension d'un monde tout à fait « autre » est difficile à percevoir pour ceux qui vivent en Occident : la mondialisation est comprise comme un vaste marché dont chacun use à son gré.

Alors qu'il s'agit d'enrichissement mutuel, certes, mais de deux entités parfois inconciliables, ce qui ne doit pas empêcher le respect mutuel.

Je ne crois pas avoir lu des écrits de Christian affirmant avoir tout compris de l'islam et de la relation avec le christianisme. Bien au contraire : cet épais mystère ne cessait de le tarauder. « Depuis trente ans que je porte en moi l'existence de l'islam comme une question lancinante, j'ai une immense curiosité pour la place qu'il tient dans le dessein de Dieu. La mort seule me fournira je pense la réponse attendue », déclare-t-il lors d'une conférence qu'il donne à Rome en 1989[1]. Quelques années plus tard, c'est en des termes semblables qu'il aborde cette question dans son Testament rédigé en 1994, évoquant alors la mort qui pourrait survenir : « Sera enfin libérée ma plus lancinante curiosité. Voici que je pourrai, s'il plaît à Dieu, plonger mon regard dans celui du Père pour contempler ses enfants de l'islam, tout illuminés de la gloire du Christ, fruits de sa passion, investis par le don de l'Esprit… »

Le Maghreb, à seulement deux heures d'avion de Paris, est une culture profondément différente. La culture, la société, sont faites de religion. Religion, c'est ce qui relie. Sans doute, nos sociétés occidentales l'ont-elles oublié, qui déconnectent volontiers cette

1. *L'invincible espérance.*

dimension, renvoyant la religion dans la sphère privée. C'est en vivant davantage avec les autres, en relation avec les autres, en exerçant le ministère de la rencontre que je deviens plus homme. Comment se nourrir de la foi de l'autre si je me refuse à découvrir cet ensemble culturel qui est le sien ? Les chrétiens, prêtres, religieux, religieuses, sont présents en terre musulmane pour engager ce dialogue entier, qui concerne l'homme dans sa totalité. L'accueil est alors tout autre. Même en Algérie – tout au moins pour une part de la population – la rencontre devient possible.

Cette rencontre n'est pas gagnée d'avance : si je viens, prêt à être moi-même touché par l'autre, différent, celui-ci prend le risque, lui aussi, d'être transformé. L'Église envoie des chrétiens, des prêtres, parce qu'ils ont ce désir de la rencontre qui va nourrir en eux cette vie intérieure, interpellée par la différence. Mais qu'en sera-t-il de l'accueil, du peuple qui reçoit ? Je me suis posé la question sérieusement, lorsqu'il s'avérait difficile de trouver un travail en milieu agricole, loin des villes. Ce que j'avais partagé avec les paysans pauvres de Tanzanie ne pouvait pas se déployer aussi facilement dans la campagne algérienne.

Ce que je désirais ardemment s'est réalisé : j'ai ressenti cette envie irrépressible de vivre toujours hors de l'Hexagone, au-delà des frontières. J'ai découvert ce que je savais : nous ne sommes pas le centre du monde. Le monde occidental et l'Église de France cultivent une certaine manière de voir. Vivre pendant des années dans un monde culturel, religieux, linguistique différent, déplace les certitudes. Un autre centre se met en place. J'ai encore aujourd'hui ce souci de me décentrer par rapport aux réalités que vit l'Occident. C'est d'autant plus important que l'Algérie, indépendante depuis tant d'années, reste encore très sensible à ce qui se passe de l'autre côté de la Méditerranée. Comme une sorte de lien, certainement indépassable, mais encore trop fort, trop passionnel. Tout l'enjeu de l'Église de la rencontre est de dépasser cette histoire, sans la nier ni l'oublier, mais en vivant le dialogue à partir des réalités contemporaines.

Ce décentrement n'est pas seulement une belle démarche de tolérance, de rencontre gratuite : c'est véritablement une occasion pour appréhender nos propres questions. En France, comme dans la plupart des pays occidentaux, la pratique religieuse est en net repli. Ce sont des constatations statistiques. Il y a certainement des causes à cette désertion, et ce n'est pas l'objet d'en débattre ici. Mais se rendre compte que la foi reste vivante dans des communautés humaines totalement différentes des nôtres, comme l'islam en Algérie, peut éclairer la réflexion générale. Car un monde sans transcendance pose question…

En même temps, j'aime préciser que ce n'est pas par goût personnel des autres cultures que je suis parti depuis si longtemps vivre mon ministère dans d'autres pays que la France. C'est l'Église qui envoie. Parce qu'elle ne se ferme pas sur elle-même. À certains signes parfois, selon les périodes, l'Église peut éprouver la tentation de se replier sur elle-même, de compter ses troupes… Et pourtant, elle continue d'appeler et d'envoyer au-delà de l'Hexagone. Elle reste une Église ouverte, prête à découvrir d'autres réalités, à retenir quelque enseignement de cette expérience de la différence – même si elle n'est vécue que par quelques personnes et non plus des communautés nombreuses. Ce souci d'ouverture de l'Église, par la présence de ceux qu'elle envoie, se parachève quand il y a des échanges mutuels. Les prêtres africains, indiens, vont en France, et participent de ce même mouvement d'une découverte mutuelle. Plus encore, l'échange ne doit pas se focaliser sur les délimitations nord-sud : plusieurs prêtres d'Afrique subsaharienne viennent vivre et travailler en Algérie. Cette présence, aussi minime soit-elle, est importante pour les Églises qui envoient autant que pour les pays qui reçoivent. C'est une invitation au dialogue, et j'espère que l'Algérie restera un pays ouvert sur l'accueil de minorités, non seulement étrangères, des gens qui viennent travailler et qui se brassent avec la population algérienne, mais aussi, un pays qui sera capable d'accueillir des croyants autres que les musulmans. Cette espérance est quelque peu chagrinée par la manière de faire de certaines démarches religieuses : le phénomène des conversions évangéliques en masse, par exemple, ne crée pas les conditions d'un dialogue serein. Par ricochet, des Églises arrivées il y a plus longtemps, protestante, catholique, adventiste, sont insérées dans le paysage algérien. Des attitudes trop volontaristes perturbent les équilibres fragiles nés de l'histoire.

Approfondir le sillon d'une insertion en pays musulman année après année, et même décennie après décennie, conduit à ce que la foi de l'autre interroge ma propre foi. Ce débat intérieur devant la foi différente conduit à différentes réactions. Cela me met souvent en état d'émerveillement, d'étonnement. Parce qu'il y a des choses qui me bouleversent en islam, et je ne suis pas le premier ni le seul. Il y a des attitudes qui soulèvent de profondes interrogations pour le chrétien que je suis.

La situation de la femme en islam – au moins dans la manière de vivre l'islam ici en Algérie –, m'interpelle profondément. Sans doute est-ce une question encore en gestation, qui connaîtra un jour une profonde mutation. Liberté de mouvement, liberté d'expression, autonomie financière : la femme est dans une situation de minorité, de dépendance, par rapport à l'homme. Telle que je la vois vivre ici en Algérie, la femme musulmane n'a pas encore toute sa place dans la société. Dieu a fait l'homme et la femme, il les a faits égaux, il les a faits responsables, et égaux : c'est ce que je reçois de ma foi catholique.

Et je bute sur la condition féminine en Algérie, tout comme j'étais très circonspect sur le statut de la femme en Égypte. D'autres pierres d'achoppement viennent me bousculer : la manière dont les mariages sont négociés découle aussi de cette situation de la femme, à laquelle s'ajoute la soumission des fils aux volontés paternelles. Il n'est pas rare, notamment dans les sociétés rurales, que le jeune ne puisse pas encore tout à fait librement choisir son conjoint. La jeune génération voudrait bien vivre la rencontre du féminin sous un autre mode que la loi du père. Ce sont à la fois des questions de religion et de société, qui s'imbriquent l'une dans l'autre.

Il faut du temps pour que les habitudes changent… Nous le savons bien : si la situation n'est pas comparable – notamment par l'emprise moindre de la religion sur l'organisation sociale –, la place de la femme dans l'Église n'est pas exempte de critiques. Il y a bien des avancées pour que les femmes soient aujourd'hui à des postes de responsabilité dans l'Église. Beaucoup de conseils épiscopaux accueillent des femmes aujourd'hui, et Mgr Bader a nommé deux femmes – une religieuse et une laïque algérienne – dans le conseil épiscopal du diocèse d'Alger. C'est un signe fort… Mais ce n'est pas suffisant. Après la participation aux responsabilités pastorales, il faut poser la question des ministères, et il me semble que le ministère de diacre n'appartient pas à la caste masculine. L'Église a un rôle à jouer pour la reconnaissance de la femme à l'égal de l'homme.

Le mariage est par exemple une situation où la reconnaissance réciproque des religions aiderait beaucoup au dialogue : un de mes amis s'est converti à l'islam pour se marier avec une musulmane. Ce jeune Français, âgé d'une trentaine d'années, profondément chrétien, a changé de religion par amour : le père de la jeune fille l'exigeait. Je ne cesse de m'interroger : cette conversion porte-t-elle simplement sur l'obligation sociale d'intégrer la religion musulmane, ou bien s'agit-il d'une conversion du cœur ? Lui qui vivait avec une vraie fidélité sa foi chrétienne, qui en témoignait facilement auprès de jeunes, quel est cet arrangement intérieur qui le fait changer de religion ? Au-delà de la question personnelle, il y a aussi un enjeu social : comment se fait-il qu'en islam, on ne puisse pas reconnaître la mixité religieuse au sein d'un couple… Il faut même être plus précis encore : un musulman peut se marier avec une femme chrétienne, mais une femme musulmane ne peut pas se marier avec un chrétien, sauf s'il se convertit. Je ne parviens pas à résoudre cette question, et c'est évidemment un sujet difficile pour la reconnaissance mutuelle.

La prière rituelle est encore une source de réflexion. Bien sûr, dans le christianisme, il existe aussi des prières rituelles, comme le chapelet, le Notre Père que nous récitons à toute occasion sans forcément prendre conscience de ce que nous disons, et parce que, peut-être, nous ne savons pas dire autre chose. En islam, la prière rituelle est beaucoup plus importante encore. Tous les jours, les différentes prières de la journée sont identiques. Et si je suis profondément touché par cette prière rituelle vécue avec l'ensemble de la communauté musulmane, quelle place peut prendre la prière individuelle, spontanée, improvisée ? La prière rituelle scande la journée du musulman de manière très prégnante, et les villageois étaient, de ce fait, très respectueux des sept offices monastiques de la communauté de Tibhirine. Mais je reste très perplexe par rapport au dialogue entre le croyant et Dieu dans la prière musulmane… Certains musulmans, notamment le mouvement soufi, cherchent une forme d'expression plus spirituelle, plus personnelle. Cette quête m'intéresse, mais elle reste assez marginale dans l'islam.

Si je ne suis pas trop porté par la prière rituelle, j'observe qu'elle exprime, dans les deux religions, une foi authentique, aussi bien dans l'islam que pour le christianisme. Quand, de ma chambre à Tibhirine, j'entends l'appel à la prière du muezzin à la porte du monastère, je l'écoute avec un profond respect. À cet instant, des croyants, disséminés à travers le village, la campagne, ont une pensée pour Dieu. À ce moment précis. De la même manière, jusque dans les années 1950, les cloches de nos villages de France sonnant l'angélus rappelaient aux chrétiens que Dieu est là et que notre vie n'est qu'une offrande à Dieu. Loin de me contrarier, le chant du muezzin me rappelle que des croyants cessent alors leur travail, délaissent leurs préoccupations et se mettent en prière, ou simplement ont un mouvement du cœur vers Dieu. Au moment où le muezzin retentit, j'entends ceux avec qui je travaille qui répètent et murmurent : « Dieu est grand, Dieu est le plus grand. » C'est pour eux un arrêt, une marque dans leur vie quotidienne banale. Pourquoi ne pourrais-je pas l'entendre, moi aussi, comme un rappel que je ne suis pas là uniquement pour le travail, mais que je suis là aussi pour Dieu ?

La règle monastique, telle que la vivaient les moines de Tibhirine, parlait aux musulmans par cet aspect rituel qui rythme la journée. Mais la prière d'oraison, cette prière libre et profonde, intime, est moins facile à percevoir. J'ai parfois tenté d'expliquer que la foi chrétienne et notre prière se nourrissent de la Bible. Pour moi, tout prend racine dans la lecture, la *lectio divina*, la méditation de la Parole de Dieu. Les chrétiens ont un rapport au texte sacré bien différent. Les musulmans développent une connaissance impressionnante du Coran. Il n'est pas rare que l'un ou l'autre me récite tel verset pour commenter un événement de la vie courante. Je vois souvent les enfants de l'école de Tibhirine : les jours où il n'y a pas classe l'après-midi, ils vont à l'école coranique. Au rez-de-chaussée de la mosquée, il y a un local. Avec un adulte, ils mémorisent les versets du Coran. Au-delà de cet apprentissage de mémoire, de ce travail de mémorisation, j'espère que dans la tête de l'enfant, petit à petit, se forge une conscience musulmane, c'est-à-dire, à travers cette parole, un rapport de l'homme à Dieu.

La conscience du chrétien ne se forge pas autrement : la Bible tient ce rôle essentiel qui nourrit, interroge, et révèle Dieu au croyant. C'est vital : si les chrétiens avaient un lien beaucoup plus serré avec la Parole de Dieu, l'Église en serait peut-être changée. On ne peut pas refaire l'histoire : pendant des siècles et des décennies, la relation à la Parole de Dieu a été compliquée. Quand je pense que, lorsque j'étais encore gamin, on écoutait la Parole de Dieu dans une langue qui n'était pas la nôtre ! Bien sûr, à force de répéter d'année en année, les pratiquants finissaient par savoir de quoi il retournait, mais il était impossible de saisir en latin les subtilités des Écritures. L'accès direct des chrétiens à la Parole de Dieu est une des grandes révolutions de l'après-Concile.

J'ai expérimenté dans deux contextes très différents le rôle bouleversant que pouvait avoir la Parole de Dieu. En Tanzanie, dans les petites communautés chrétiennes, des groupes de gens, des villageois extrêmement simples, illettrés, se réunissaient pour écouter la Parole de Dieu dans leur langue en kigogo ou en kiswahili : les échanges qui s'ensuivaient étaient époustouflants. Les membres de la communauté venaient du paganisme, sans religion au moins authentifiée, si ce n'est leur propre tradition. Ils découvraient la parole de Dieu pour la première fois. Ils la recevaient comme un cadeau, se l'appropriaient et partageaient avec simplicité et profondeur ce qui les touchait. Jésus lui-même n'avait-il pas annoncé : « Aux savants, aux grands esprits, tu as caché ces choses pour mieux les dévoiler aux petits[1] » ? Celui qui peut entendre la parole de Dieu dans sa langue, mais aussi dans son existence, dans son environnement, s'en trouve touché.

Cette découverte s'est renouvelée d'une certaine manière en France, dans le secteur rural de l'Yonne que j'ai servi. Dans plusieurs villages, des groupes de lecture biblique ont démarré : loin de chercher des explications savantes, la rencontre permettait de lire le texte et de se l'approprier, de le goûter. Toute personne a droit à la lecture de la Parole de Dieu. Il ne s'agit pas d'y trouver ce que les exégètes ont découvert, mais d'y puiser ce qui fait vivre. Ce type de rencontre existe un peu partout maintenant : tout à la fois temps convivial, échange de nouvelles et lecture de la bible, ces groupes éprouvent concrètement les joies de la vie communautaire autour de Dieu qui rassemble : « Quand deux ou trois sont réunis en mon nom, je

1. Mt 11,26

suis au milieu d'eux », promet l'Évangile[1]. Est-ce très éloigné des communautés tanzaniennes ? Je n'en suis pas si sûr… Au cours de ces deux expériences, j'ai découvert combien la lecture de la Bible se révèle « fondatrice » d'une foi plus authentique pour tous, y compris pour des gens très simples. Je ne vis plus vraiment ce type de rencontre, mais je m'applique à plonger aussi souvent que possible dans le texte même des Écritures. Cette découverte inlassable du texte, la fréquentation patiente de la Bible, sont le vivier, la source de la prière, qui accompagnent toute vie chrétienne.

1. Mt 18,20

VII

LE DIALOGUE DE LA VIE

Faire de Tibhirine un lieu ouvert. Un jour, le monastère accueillera peut-être à nouveau une communauté contemplative, et il y a des projets qui s'élaborent de temps à autre. Mais il y a aussi une communauté « hors les murs » qui s'est peu à peu constituée autour du monastère et du souvenir des frères. Moi, Jean-Marie, chrétien, prêtre, agriculteur, je participe à l'entretien du monastère mais j'essaie aussi de faire vivre un lieu qui est un lieu de prière chrétienne dans un monde musulman. Tibhirine s'impose aujourd'hui comme un lieu chrétien. Le monastère reste et devient la plaque tournante d'un réseau de relations pour les chrétiens d'Algérie. Comme j'aime ces visites qui se multiplient : qu'on vienne donc à Tibhirine ! Non pas pour visiter un lieu du passé, mais pour vivre de cette foi enracinée dans le monastère et la vie des moines. Voilà mon désir : que Tibhirine devienne un lieu de passage, une source, un espace de rencontre pour l'Église de ce pays… Car il y a ici une réalité du dialogue ancrée dans les habitudes. Et dans la topographie même des lieux : le monastère est le signe visible de cette présence chrétienne en bordure de l'Atlas. Et désormais, juste en face de la porte du prieuré, le village poursuit la construction de la mosquée. Ainsi, les deux lieux de prière se répondent, comme auparavant… « Cloche et muezzin se correspondent ou se succèdent à l'intérieur du même enclos, et il est difficile de ne pas accueillir l'appel à la prière, d'où qu'il vienne, comme un rappel à la communion qui prévaut au cœur de Celui vers qui nous nous tournons avec le même abandon », témoigne Christian de Chergé en 1989, au cours de rencontres organisées à Rome par l'Institut pontifical d'études arabes et islamiques[1]. Si, malheureusement, la cloche du monastère s'est tue, comme je voudrais que les élans de prière se répondent encore en écho comme au temps des frères !

Je crois très sincèrement que la population alentour est, elle aussi, désireuse de cette rencontre. Bien sûr, il est inutile d'imaginer un dialogue aussi intense qu'avant l'enlèvement des sept frères. Mais j'en suis convaincu, les Algériens autour de Tibhirine comptent sur cette présence chrétienne. S'ils ne le souhaitaient pas, nous ne pourrions pas être encore là. C'est dire

1. *L'invincible espérance.*

si le passage de chrétiens est important, pour que les deux communautés coexistent, se répondent. La construction de la mosquée, juste à la porte du monastère, a parfois été comprise comme une sorte de provocation. Et si la chapelle des frères était ressentie tout simplement par les villageois comme un appel à la prière ? Une sorte de rappel aux croyants musulmans de l'importance d'un lieu pour célébrer Dieu. Face au lieu de prière chrétien important qu'est le monastère de Tibhirine, les musulmans ont senti le besoin d'avoir un lieu de prière imposant. Avant que la mosquée n'existe, ils n'avaient d'autre recours que la prière domestique, ou encore se rendre dans le village voisin, à trois ou quatre kilomètres. Voici que chez eux, ils peuvent désormais se réunir.

Je ne veux pas faire d'angélisme : lorsque le chantier de la mosquée a été décidé au cours des années 1993-1994, les moines avaient eux-mêmes soutenu le projet, tout en demandant que le bâtiment soit édifié un peu plus loin. Cela ne changera plus. Le village n'avait pas de lieu de prière. Les moines avaient prêté une petite salle de 7 m sur 3 pour que les enfants puissent aller à l'école coranique. Que le village ait un jour un lieu de rassemblement est tout à fait normal. Sans doute peut-on s'interroger devant l'ampleur disproportionnée de la mosquée par rapport à la population, ce qui fait curieusement penser aux églises de France construites au XVIIIe ou XIXe siècle :

le plus petit village rural éprouvait la nécessité d'avoir son église. La mosquée est un élément d'identification pour Tibhirine comme pour les villages voisins. Et comment ne serais-je pas touché par ces croyants qui construisent eux-mêmes leur lieu de prière ? Car ce sont bien les villageois qui viennent sur le chantier. Et je réponds à leur demande, quand il y a une journée de travail communautaire : ils ont besoin du tracteur, de la citerne…

Nos lieux de prière contigus sont maintenant un défi pour le dialogue respectueux entre les deux communautés croyantes. Chrétiens, nous sommes « les hôtes de la maison de l'islam ». Et la religion est, dans la relation, une réalité profonde. « Quelle est ta religion ? » La question n'est certainement pas la première qui vient aux lèvres lorsque nous rencontrons un étranger. C'est pourtant ce qui, après plus de vingt ans dans bien des pays, ne m'étonne plus. Encore qu'en Algérie, la question ne se pose guère, mais pour une tout autre raison : je suis évidemment repéré comme étant étranger de nationalité, étranger de race, mais aussi étranger de religion. En étant extrêmement minoritaire dans un pays musulman, le chrétien ressent ici ce sentiment d'« étrangéité » de manière beaucoup plus forte qu'ailleurs. Encore que cela ne gomme certainement pas l'appartenance religieuse, bien au contraire. Si, dans un pays de tradition chrétienne comme la France aujourd'hui, la question n'est pas évoquée, cela n'empêche pas que, sans en parler, toutes les religions se côtoient. Ceux qui sont sans religion, incroyants, ne se désignent d'ailleurs pas comme tels. En pays musulman, la situation est radicalement différente. On n'y conçoit pas qu'un homme soit sans religion. J'en reviens à cette référence culturelle de la religion qui prédomine : même ceux qui se considèrent « sans religion » préservent une façade. Et la première obligation identitaire, c'est le ramadan. Pour certains, on fait semblant d'observer le ramadan. Aux yeux de la famille, aux yeux des siens, de ses collègues de travail, il est essentiel d'être repéré comme musulman, même si ce n'est pas le reflet d'une conviction religieuse.

Cette uniformité signifie simplement que je suis toujours perçu comme « étranger ». Étranger minoritaire, et croyant d'une foi étrangère aussi. Le dialogue se trouve naturellement marqué par cette situation minoritaire. Il ne peut se faire au niveau des idées ou des grands concepts théologiques. C'est dans le travail, la vie quotidienne que se joue vraiment le dialogue. Ce que j'appelle le « dialogue de vie » qui a la richesse essentielle d'être réciproque. À la fois mes collègues de travail musulmans se découvrent dans des attitudes qui sont les leurs, musulmanes, et moi je me découvre comme étant chrétien dans un travail tout à fait simple. Le quotidien nous expose et nous révèle : j'ai éprouvé cela dans mes différentes expériences, en Tanzanie, en France, en Égypte. Cette forme d'échange est capitale en Algérie, parce que c'est la manière la plus respectueuse d'approcher l'autre. Et je retrouve cette intuition profonde dans les écrits et les récits des moines.

Ce qui ne signifie pas, pour autant, qu'il faille négliger les grandes questions : le dialogue de vie ne va pas sans le dialogue des religions au sens plus élevé du terme. Tous peuvent s'engager dans le dialogue de vie. À cette expérience irremplaçable doit s'ajouter, à la charge de ceux qui en ont la vocation, cet échange au niveau théologique. La forme plus poussée de ce dialogue est notamment passée par l'échange conscient et voulu des rencontres islamo-chrétiennes du groupe de Ribât al-Salâm, « le lien de la paix », auquel participaient Christian de Chergé et frère Christophe. Mgr Claude Rault, aujourd'hui évêque de Laghouat et Père Blanc depuis très longtemps en Algérie, a participé à la création de ce groupe aux côtés de Christian de Chergé : « L'un et l'autre (mais nous n'étions pas seuls !) nous étions très marqués par la proximité d'amis musulmans, souvent des gens très simples, qui vivaient dans une grande familiarité avec Dieu et un amour concret du prochain. Mais nous avions du mal à partager cette expérience spirituelle autour de nous, nous avions l'impression de la vivre de façon assez isolée [...] Comment sortir de cet isolement pour créer, entre nous chrétiens d'abord, mais aussi entre chrétiens et musulmans, un lien de communion plus visible ? Nous avons pris rendez-vous à Tibhirine le 24 mars 1979[1]. »

Ces rencontres – qui se déroulaient souvent au monastère, étaient étonnantes et inventives. Elles créaient des liens très forts entre les participants, qui acceptaient de se laisser guider par l'Esprit, sans tirer de leçons théologiques immédiates, comme le rapporte une carmélite qui en fit partie dès les premières rencontres : « J'ai voulu tout de suite m'engager dans le Ribât dès 1979 et je fus encore plus heureuse de vivre cela avec des musulmans passionnés de Dieu, non seulement respectueux de notre foi, mais sûrs que Dieu veut ces rencontres qui nous aident à Le mieux connaître et à L'aimer. Ce que j'appréciais dans cette démarche, c'est qu'elle était avant tout rencontre de "priants" et non de théologiens ou de personnes voulant expérimenter jusqu'où pouvait aller une foi commune. Là n'était pas notre propos, mais bien plus de nous laisser mener par Dieu même qui nous guidait chacun[2]. »

Même attitude du côté musulman, où les participants sentent le piège d'une trop grande théorisation de la rencontre. C'est au cœur de la vie spirituelle que

1. *Désert, ma cathédrale*, Claude Rault, Desclée de Brouwer, Paris, 2008.

2. *Ibid.*

l'échange peut se faire : « Nous ne voulons pas nous engager avec vous dans une discussion dogmatique, expliquent dès 1980 les soufis alawis qui participaient à ces rencontres. Or, nous nous sentons appelés à l'unité. Nous souhaitons laisser Dieu créer entre nous quelque chose de nouveau. Cela ne peut se faire que dans la prière. C'est pourquoi nous avons voulu cette rencontre de prière avec vous. » Aujourd'hui encore, deux ou trois fois par an, des chrétiens et des musulmans se réunissent pour réfléchir, prier, échanger, dans la droite ligne de ce qu'avait, à son tour, énoncé Christian de Chergé en 1984 : « A-t-on fini partout de lancer des anathèmes ? Mieux vaut tenter de rejoindre le no man's land de l'existence concrète, là même où nous nous croyons convoqués les uns et les autres, à l'adoration de l'Unique. Entre gens simples et de bonne volonté, la différence y prend un contour plus familier ; elle fait corps avec la vie et s'intègre dans les rapports mutuels, à longueur de quotidien. Elle prend un visage ami qui a bien des traits divins. Elle inspire le respect des voies de Dieu et du cœur de l'homme. La différence peut trouver sa calme place dans la prière, voire même, ici ou là, dans la prière en commun[1]. »

Ce dialogue théologique et institutionnel se poursuit en Algérie, en dépit des difficultés, notamment à

1. *L'invincible espérance*, p. 111.

propos des questions politiques : comment la liberté de culte peut-elle être véritablement reconnue dans un pays qui est en quasi-totalité musulman ? La liberté de pratiquer est souvent comprise ici comme la possibilité pour des étrangers d'une autre religion de pratiquer en terre d'islam, pourvu qu'il n'y ait pas de prosélytisme. Mais, en tout cas dans la compréhension occidentale – et je ne vois pas comment il serait possible de lire autrement la charte universelle des droits de l'homme, – la liberté de culte suppose aussi la liberté de choix de religion. S'il est compris ici qu'un chrétien puisse se convertir à l'islam, il est difficilement acceptable qu'un musulman se convertisse au christianisme. Ce débat n'entre pas dans la sphère du « dialogue de vie », mais n'en reste pas moins un sujet à prendre en compte dans la rencontre des religions. Mgr Ghalib Bader, archevêque d'Alger, a engagé de manière dépassionnée mais constante cette question de la reconnaissance réciproque des conversions qui est épineuse, tant l'islam est, une fois encore, une composante à la fois religieuse et sociale. Après avoir vécu en Égypte et au Moyen-Orient, je ne suis pas surpris de ces réticences : dans un pays musulman, l'unité nationale se fait aussi autour de la religion. Même si, dans l'article 2 de la constitution algérienne, la liberté de culte, donc de religion, est reconnue, les autres religions sont réduites à un statut de minorité.

Les débats très médiatisés en Europe, notamment

en France, ne cessent d'interroger les pays musulmans, et il s'y trouve des hommes et des femmes courageux pour prendre part aux questions qui leur sont posées par ricochet. J'en veux pour preuve l'article publié dans un quotidien algérien en septembre 2009, où le journaliste Kamel Daoud intitulait son billet « Collecte pour la construction d'une église en Algérie ». Il y exprime un point de vue ouvert au dialogue, constructif : « Une seule mosquée "interdite" ou une simple marche de la droite danoise contre un lieu de prière en projet suffisent, chez nous, pour mettre en croix les Occidentaux et crier au scandale des libertés sélectives et des rejets des différences. Et, pourtant, il suffit d'inverser un peu les situations pour réaliser que nous faisons pire en matière de discriminations confessionnelles. Où, en Algérie, peut-on indiquer du doigt un chantier d'église autorisé ? Qu'avons-nous trouvé à dire ou à faire lorsque la chasse aux évangélistes s'est transformée en piteuse chasse aux convertis et aux chrétiens en règle générale ? Depuis quand une religieuse chrétienne peut se promener chez nous en toute liberté, travailler avec la tenue de sa confession, célébrer ses rites autrement que dans la clandestinité et afficher ses croyances autrement que sur le mode de la discrétion absolue ? » Et le journaliste de poursuivre sans faiblir : « En quoi sommes-nous plus tolérants que les autres ? […] Quand pourrons-nous lire cette info de "collecte de fonds pour la construction d'une église ou d'un temple tibétain en Algérie" sans que cela fasse scandale, alors que nous estimons être dans notre droit de construire des mosquées là où nous posons le pied[1] ? »

S'il y a quelques conversions à la foi catholique, elles restent clandestines… Le cheminement dans le catéchuménat, les étapes du baptême, *a fortiori* le baptême, sont vécus de manière extrêmement discrète, pour ne pas dire secrète. Il est même conseillé à l'Algérien qui se convertit au christianisme de n'en rien dire, même au sein de sa propre famille, voire dans son couple. Ces précautions sont moins vraies pour les conversions vers les Églises évangéliques, très présentes ces dernières années en Algérie. Le mouvement de conversion est plus familial et échappe un peu à la peur de l'ostracisme, notamment en Kabylie, dans certaines villes comme Tizi Ouzou, Azazga, qui ont vu naître de réelles communautés évangéliques. Quand cent à trois cents chrétiens se réunissent, la loi du nombre fait que les personnes se trouvent moins exposées. Les conversions catholiques sont beaucoup plus individuelles, et du coup ne peuvent pas bénéficier véritablement du soutien d'une communauté de proximité.

Le dialogue islamo-chrétien doit tenir compte de

1. « Collecte pour la construction d'une église en Algérie », par Kamel Daoud, *Le Quotidien d'Oran*, 22 septembre 2009.

cette réalité, vécue d'une tout autre manière dans la partie subsaharienne de l'Afrique, par exemple. Parce qu'il y a plusieurs manières de vivre l'islam. Déjà en Algérie, il y a des différences notables entre les pratiques musulmanes dans les régions sahariennes de l'intérieur même du territoire algérien et les régions côtières. L'islam est encore vécu par le peuple sahraoui hébergé dans le désert algérien d'une manière différente, beaucoup plus ouverte. En Afrique subsaharienne, les relations sont plus mélangées : il y aura, dans une même famille, des musulmans et des chrétiens. S'il y a une plus grande diversité de religions en Égypte, le dialogue y sera moins facile. Les communautés étant plus importantes, elles font bloc et s'opposent. Chacun vit à l'intérieur de sa communauté. J'ai visité, en Haute-Égypte, des villages entiers qui sont chrétiens. À quelques kilomètres de là, c'est l'islam qui est la religion de tout le monde. Au Caire, la population est davantage brassée.

Pour qu'il y ait dialogue, il faut que chacun accepte de s'ouvrir sur la réalité de l'autre. C'est parfois plus difficile avec celui qui nous est le plus proche. Cette disparité, je l'ai vécue notamment en Égypte. J'ai fait un premier séjour dans les oasis du sud. J'étais seul chrétien, et je n'avais aucun souci pour vivre aux côtés de musulmans qui m'acceptaient tel que j'étais. J'ai vécu sur les nouvelles terres de la région de Noubaria que nous voulions fertiliser : il y avait, parmi les villageois et les étudiants qui retournaient à la terre, environ 10 % de chrétiens, avec une majorité de musulmans. Enfin, j'ai travaillé dans un diocèse copte, où là j'étais vraiment identifié comme prêtre, mais travaillant dans une ferme où il y avait des chrétiens et des musulmans. De ces expériences, il ressort que, pour un catholique romain, le dialogue avec les coptes n'était pas toujours très facile. Puisque nous partageons l'essentiel de la foi, ce sont une multitude de sujets qui constituent, petit à petit, de vraies divergences. Ainsi, la communauté copte considère qu'elle est à elle seule « l'Église ». Pourquoi, dès lors, devrait-elle entretenir des relations avec les autres chrétiens ? De ce que j'ai vécu en Égypte, je sais que le dialogue est aussi à construire entre les différentes Églises chrétiennes. Et c'est plus difficile. Plus onéreux aussi. Pour mieux comprendre les freins au dialogue, j'ai tenté de me mettre dans la peau d'un chrétien copte orthodoxe. Leur église professe être née de la prédication de l'apôtre saint Marc, ce qui constitue des racines aussi profondes que celles de l'Église romaine, issue de saint Pierre et saint Paul. De ce fait, l'autorité du pape pose problème, tout comme des divergences doctrinales sur la place de la Vierge Marie, la définition de la Sainte Trinité…

Restée enracinée dans sa tradition, l'Église copte n'a pas connu d'évolution et a évité toute véritable rencontre de la modernité. Une différence supplémentaire qui bloque encore tout échange. Ce dialogue de vie qui a toujours guidé mon existence doit se vivre aussi avec des frères chrétiens, qui ne sont pas de la même maison. Cherif avait 22 ou 23 ans : il habitait avec sa famille orthodoxe, à l'étage en dessous de mon appartement au Caire. J'ai lié amitié avec cette famille. Chérif venait passer des soirées chez moi : pour une fois qu'il rencontrait un chrétien d'une autre Église ! Je me rappelle que l'une de ses toutes premières questions fut de me demander : « Dans quelle direction tu pries ? » Le chrétien copte orthodoxe prie dans la direction de Jérusalem. Et cette question ne m'avait jamais effleuré. Je me suis souvenu qu'il y a très longtemps, les églises étaient dirigées vers l'Est, vers le soleil levant annonçant la résurrection. Mais les catholiques ne se posent plus la question aujourd'hui… C'est dire si les questions de jeûne, de nourriture, très importantes dans l'Église orthodoxe, ont mobilisé mes conversations avec Cherif ! Les consignes rituelles, les prescriptions gouvernent directement leur vie quotidienne. Les jours de jeûne sont très nombreux dans l'Église copte orthodoxe, et c'est un sujet de conversation naturel, une préoccupation quotidienne pour les familles. Cette impression m'est restée d'une Église très attachée à la tradition, aux rites, ce qui ravive en moi le choix de l'Église catholique qui engage davantage la liberté de l'homme.

Si j'ai tenté de comprendre leurs pratiques, ai-je

pu leur faire découvrir le visage de l'Église catholique romaine ? J'ai essayé de démystifier le rôle central attribué à Rome, qui est le reflet public, social et institutionnel de la foi catholique. Ce qui se vit est tout aussi important, et s'exprime notamment dans cette dimension de dialogue, de rencontre, d'accueil de l'autre. En Algérie, il est assez rare que les questions de nature spirituelle soient abordées, comme j'ai pu le vivre avec Chérif, au Caire. Cela n'empêche pas, tout d'abord, la reconnaissance de la dimension spirituelle chez l'autre, mon vis-à-vis : « Dialogue existentiel donc à la fois du manuel et du spirituel, du quotidien et de l'éternel, tant il est vrai, rappelle Christian de Chergé, que l'homme ou la femme qui viennent nous solliciter ne peuvent être accueillis que dans leur réalité concrète et mystérieuse d'enfants de Dieu, "créés par avance dans le Christ" (Ep 2,10). Nous cesserions d'être chrétiens et tout simplement hommes, s'il nous arrivait de mutiler l'autre dans sa dimension cachée, pour ne le rencontrer soi-disant que "d'homme à homme", entendez dans une humanité expurgée de toute référence à Dieu, de toute relation personnelle et donc unique avec le Tout Autre. Dialogue qui entend bien garder les pieds sur terre (et même dans le fumier) mais la tête chercheuse[1]. »

Ensuite, les échanges avec mes collègues de travail

1. *L'échelle mystique.*

musulmans, avec les villageois entraînent aussi un « dialogue » en moi. Ma prière, ma manière de croire se trouvent nourries, bousculées par ce que j'entends, ce dont je parle avec ceux qui m'entourent. Ces rencontres me conduisent à un état de dialogue intérieur. Ce qui peut aussi se prolonger avec un dialogue fraternel, de personne à personne, qui peut se vivre avec un musulman, mais aussi avec un chrétien, en terre d'islam : les échanges, nourris du contact algérien, s'en trouvent approfondis.

VIII

DES FRÈRES UNIVERSELS

Quand on dure dans un pays d'une autre religion, notre foi est revisitée. Le monastère de Tibhirine pouvait vivre sa vocation cistercienne comme tous les autres monastère de son ordre de par le monde, sans jamais déroger à la règle de saint Benoît, et avec une fidélité inatteignable. C'était déjà une belle vocation. Voici qu'ils ont choisi – et ce n'était pas toujours sans heurts – de vivre cette fidélité en relation avec la terre sur laquelle ils étaient plantés. La vie monastique insiste sur cet attachement, qui s'exprime dans le vœu de stabilité que formule le moine lors de son entrée dans la communauté. Tout comme les frères se sont laissés toucher par l'Algérie, il me paraît vital de se laisser « blesser » par la foi de l'autre. Vivre au quotidien avec des hommes qui croient différemment, m'interroge, me bouscule, m'invite à aller plus loin dans ma propre foi. Je me nourris de la foi de l'autre. L'acceptation d'une fragilité propre crée une sorte de perméabilité, une ouverture à la rencontre de la foi autre. Extrêmement minoritaires en terre d'islam, je ne conçois pas ma présence autrement qu'en me laissant questionner, interroger, blesser, animer, ranimer par la foi de l'autre. Ce qui suppose une conviction initiale : la voie musulmane est aussi une voie qui plaît aux yeux de Dieu.

Le chrétien et le musulman sont deux croyants qui, sur des chemins différents, avancent à la rencontre de Dieu. Je crois intimement que l'islam et le christianisme peuvent mener à Dieu. Dans l'une et l'autre religion, cette conviction n'est pas toujours partagée. Encore aujourd'hui, nombre de chrétiens voient l'islam comme étant dans l'erreur. De même, les musulmans ne comprennent pas que des chrétiens s'entêtent et ne rejoignent pas l'islam. Si nous pensons secrètement que l'autre est dans l'erreur, le dialogue est faussé. De quelque côté qu'elle soit, une position de supériorité empêche tout dialogue. Pour que la parole puisse circuler, à hauteur d'homme, d'égal à égal, il faut qu'il y ait acceptation du chemin de l'autre. Je pense qu'en 2010, les chrétiens l'acceptent plus facilement que les musulmans.

Fort de cette conviction, je suis bien « missionnaire », c'est-à-dire « envoyé » vers d'autres. Cette mission, qui m'a été confiée par l'Église, est de l'ordre du témoignage, rien de plus. Ma présence témoigne du souci de l'Église pour tous les hommes, et non pas seulement pour ceux qui font partie de ses fidèles. Bien sûr, prêtre *fidei donum*, je suis aussi au service de la communauté chrétienne. Mais une part de ma mission est de pouvoir « être avec » les gens de ce pays. Non pas pour annoncer explicitement l'Évangile et certainement pas pour me livrer à des activités de prosélytisme, mais bien pour partager l'humanité quotidienne des personnes à qui je suis envoyé, sans distinction de race ou de culture. Notre place de chrétien en pays musulman est celle du témoin.

À travers notre vie la plus droite possible, pétrie autant que possible de notre conscience chrétienne, les gens que nous côtoyons peuvent se poser des questions : pourquoi sommes-nous présents ? D'ailleurs, les questions viennent vite : ne pas être marié à 50 ans, c'est bizarre ! Prêtre, pourquoi être ici ? Je peux expliquer ma démarche : elle renvoie l'autre à sa propre vérité. Je rencontre parfois des jeunes algériens qui souhaitent devenir chrétiens. Ce n'est pas sans souci : les conséquences pour leur vie personnelle, familiale, sociale sont colossales. Mais au-delà de ces réticences tout à fait sérieuses, ma première réaction est de les inviter à poursuivre le chemin qui est le leur, dans l'islam, avec une conscience la plus droite possible. Approfondir le sillon qui est le sien. Que nous soyons chrétien ou musulman, nous avons toujours à devenir meilleur croyant. Si c'est un des fruits de la rencontre, alors ma présence ici, pour eux comme pour moi, garde tout son sens.

Pour autant, je crois qu'il y a de vraies conversions : des musulmans deviennent chrétiens, et il ne m'appartient pas de juger du travail de l'Esprit saint ! Sortir de la communauté musulmane pour rentrer dans la communauté chrétienne entraîne tellement de conséquences qu'il est prudent d'exercer un discernement très précis. Faire ce passage d'une communauté à une autre, c'est prendre le risque d'être rejeté par la communauté d'origine. Se déraciner d'une communauté humaine musulmane suppose une grande force intérieure. Certains, du coup, sont amenés à le vivre de manière secrète, ce qui est toujours douloureux. Et s'il y avait des formes à inventer ? L'Évangile se partage avec tous, sans qu'il soit nécessaire et indispensable d'être baptisé. La communauté des disciples est plus large que la communauté des baptisés. L'Évangile ne dit pas autre chose, et le message des Béatitudes concerne tout homme.

Le chemin de l'Église d'Algérie est un chemin d'Emmaüs. Je fais route avec quelqu'un, et parfois je ne sais pas qui est avec moi. Ce peut être un autre, un musulman, qui va ouvrir pour moi, sans le savoir, les Écritures. Que reste-t-il ici de l'eucharistie ? Cette invitation discrète à faire halte est d'un autre ordre : elle fait entrer dans le mystère du sacrement, et reconnaît dans le pain partagé Jésus le ressuscité. Il y a peu d'églises ayant fronton sur rue : la cathédrale d'Alger, Notre-Dame d'Afrique, la chapelle de la maison diocésaine, l'église de Blida… Je célèbre plutôt des eucharisties « domestiques », dans des communautés religieuses, dans des communautés de vie. N'est-ce pas Emmaüs ? Nous pouvons nous arrêter dans la maison où il y a la lumière et chacun fait un cheminement intérieur. L'eucharistie en pays musulman aura souvent ce goût d'une rencontre insignifiante : se retrouver à la fin de la journée, pour recevoir Jésus qui fait halte chez nous, dans notre communauté, et qui éclaire la maison de sa présence. Dans la journée, ma foi de chrétien est un peu en retrait. Nous sommes un peu seuls, sur le chemin, comme les deux disciples sur la route d'Emmaüs, un peu désorientés… Notre situation ultraminoritaire en pays musulman est un peu du même ordre : il y a deux mille ans, je ne suis pas sûr que tout Israël se soit rendu compte qu'il y avait un Jésus qui était mort crucifié. Mais il a suffi que deux hommes à l'espérance perdue avancent sur le chemin pour que tout change… La communauté chrétienne n'a de sens dans un monde musulman que si elle est au service d'une communauté qui est autre, différente, musulmane.

Tibhirine n'est-il pas l'autre nom d'Emmaüs, ici, en Algérie ? Priants parmi les priants, les moines ne concevaient plus leur présence autrement que par ce cheminement commun, au milieu des peurs et des pleurs. Grâce à frère Luc, ils n'ont pas tenu une auberge mais un dispensaire. Leur domaine, même « réduit » à une quinzaine d'hectares, était aussi le terrain privilégié d'une rencontre autour de l'agriculture et du travail de cette terre commune. Le service devient alors le lieu de surgissement de Dieu, invisible, insaisissable… Eucharistie mystérieuse qui surgit dans le pain partagé au gré du quotidien de l'existence. Une fois encore, il ne s'agissait pas, pour les frères, de dominer de leur savoir et de leurs possessions cette rencontre : il n'est de vrai dialogue qu'entre ceux qui se livrent mutuellement à la bonté de l'autre. Les moines rendaient des services à la population, aidaient au transport d'un malade… Et la population rendait à son tour des services au monastère.

Je ne suis pas une « communauté », et cela modifie évidemment le mode de relation. Je suis seul, mais nous avons partie liée. Ce n'est pas de ma propre autorité que je revendique cet héritage : les voisins m'inscrivent tout à fait dans la tradition des moines. Pour eux, je suis « un moine », un peu spécial, parce que seul. Je ne suis pas en habit, et je prie quand je veux, quand je peux, sans respecter des horaires fixes… À mon tour, j'essaie de vivre leurs grandes intuitions. Comment expliquer que je me sente à l'aise avec cet héritage ? Sans doute en raison du caractère universel du message de Tibhirine : l'extraordinaire attachement qu'ils suscitent auprès des Algériens mais aussi auprès des chrétiens du monde entier ne tient pas seulement aux circonstances dramatiques de leur disparition, mais sans doute de cet éblouissement qui nous a tous saisis en découvrant le don enfoui de leur vie.

Dans l'auberge d'Emmaüs, voici que les deux disciples perçoivent dans un émerveillement inouï qu'ils ont cheminé avec le Christ ressuscité : Tibhirine révèle à son tour ce compagnonnage qui, dans le quotidien des jours paraît, pas à pas, si laborieux. Par leur mort, et surtout par leur vie donnée, les moines nous ont révélé une indicible espérance. Comme l'écrit Jean-Marie Rouart : « Ainsi de leur mort naît la vie, une infime chance de vie spirituelle […]. Les moines de Tibhirine, symbole de tous les martyrs de l'Algérie, ont augmenté ce capital de l'âme sans lequel l'humanité risquerait l'asphyxie. Grâce à eux, nous pouvons respirer. De la nuit de la terre, de l'Algérie, ils nous ont légué un bien plus précieux que tout : leur espérance[1]. »

Cette espérance, les frères l'ont patiemment – et

1. Discours à l'Académie française, 6 décembre 2001.

parfois difficilement – forgée, au fil des jours et des années. Aujourd'hui, les écrits de Christian de Chergé paraissent essentiels pour comprendre l'héritage. Mais Tibhirine n'est pas l'affaire d'un homme, encore moins l'histoire accolée de quelques hommes : c'est bien la dimension communautaire qui a donné du fruit. Entre eux tous, il y avait une grande diversité de caractère, d'âge, d'itinéraire, d'origine sociale. Malgré les tiraillements – car ça n'a pas toujours été facile à l'intérieur même de la communauté –, ces hommes savaient faire l'unité, premier pas d'une ouverture aux autres. Aux heures graves, c'est la communauté qui prenait les décisions, même si c'était souvent par la voix de son prieur. L'amitié qui liait le monastère aux villageois est essentielle, mais elle était nourrie des personnalités très diverses. Aujourd'hui, le premier nom qui vient dans les conversations avec les voisins, c'est sans conteste frère Luc. Frère Christophe avait de nombreux contacts avec la population à l'occasion du travail de la terre. Christophe, qui avait l'âme d'un poète, retranscrivait souvent ces petits échanges d'une grande profondeur… Quelques phrases, autour d'un semis ou entre deux coups de bêche. Par exemple, extrait de son Journal[1], le 12 février 1994 : « Quelle joie de rencontrer Mohammed, Ali ou Moussa. En

1. *Le souffle du don, journal de frère Christophe*, Bayard, Paris, 1999.

eux, le Mystère affleure simplement, purement. C'est une qualité de présence : paisible, douce, nourrissante. » Un peu plus loin, dans ce même journal, le 6 octobre 1994 : « Moussa, hier matin, en semant les haricots : "Un seul en Algérie ne cherche pas à prendre le pouvoir : le Dieu. Ce qu'il cherche, c'est le bien de l'homme." Puis il revient sur une conviction qu'il a souvent partagée avec moi et sur laquelle nous pouvons échanger : le mal, les choses mauvaises, c'est dans le cœur de chacun. » Frère Jean-Pierre était chargé des courses au marché : il était, de ce fait, davantage connu au-delà du petit cercle du village. Amédée, très souvent à la porterie, recevait les visiteurs, et bien souvent les doléances, les demandes de services… Youssef m'a raconté une anecdote : alors que le responsable du jardin, Mohammed, rentrait du marché, il remet la recette à Amédée qui tenait la comptabilité. Arrive une femme qui avait un grave souci et demandait de l'aide au monastère. L'argent est passé de la main de Mohammed à Amédée et de frère Amédée à la femme en difficulté. Le maximum de ce que pouvaient donner les frères, ils le donnaient.

La façon d'associer les habitants à l'exploitation agricole est significative de ce qui s'est passé petit à petit sur ce flanc de montagne. Voyant leur nombre diminuer et les moines prenant de l'âge, ils ont choisi quelques associés pour poursuivre les travaux de la terre. Cette prise en compte du réel, pragmatique, a entraîné une collaboration dont les fruits vont au-delà des récoltes : n'y avait-il pas, de cette manière, une attitude nouvelle qui se faisait jour ? La communauté se trouvait liée à la population par un nouveau lien. On pourrait multiplier les exemples. De toute cette aventure humaine est née une réflexion théologique, menée par Christian de Chergé. À partir du réel, la vocation communautaire s'est affinée. Les moines ont ouvert des pistes que nous découvrons seulement aujourd'hui[1]. Par la rencontre, les services rendus, le travail, les moines ont peu à peu dessiné les contours d'un « dialogue de vie » qui n'a cessé de se renforcer, jusqu'au don de leur vie. C'est dans le quotidien de leur existence que les moines se sont ouverts progressivement à cette dimension de l'autre de l'étranger, et de l'islam.

Christophe, au contact quotidien avec les journaliers du monastère, ne cesse de retranscrire l'écho de ces rencontres[2]. Christian, au cours du chapitre – réunion quotidienne de la communauté au cours de laquelle le prieur donne quelques pistes de réflexion spirituelle à partir de la règle monastique, de la Bible ou d'un Père de l'Église – faisait souvent référence à ces petits

1. Voir *Christian de Chergé, une théologie de l'espérance*, *op. cit.*

2. *Le souffle du don. Journal de frère Christophe*, *op. cit.*

faits du quotidien. Christian avait ce génie d'écrire ce qu'il disait à ses Frères sur des petits bouts de papier, aujourd'hui archivés à l'abbaye d'Aiguebelle et publiés pour partie[1]. Ces petits mots de dix, quinze lignes, griffonnés au cours des journées, racontent la vie qui prend sens, au jour le jour. J'y puise un peu de lecture de temps en temps ; c'est une belle matière pour penser, réfléchir, prier. Je me demande quelquefois ce que Christian pouvait dire à propos de telle fête du calendrier liturgique, de tel texte biblique... C'est une sorte de millefeuille que je consulte pour voir comment, dans le contexte qui était le sien, il méditait l'Écriture et la vie.

Au risque de surprendre et choquer, je ne crois pas qu'il s'agissait d'hommes exceptionnels. Certes, c'était Michel, Paul, Christophe, Luc, Célestin, Christian, Bruno : leurs personnalités n'étaient pas banales. Ceux que j'ai connus, Jean-Pierre et Amédée, sont des hommes comme les autres. Des religieux déterminés, engagés, comme beaucoup d'hommes et de femmes du monde. Les frères, pris individuellement, ne sont pas des héros, et ils n'auraient pas aimé ce qualificatif, même s'ils ont vécu dans des circonstances exceptionnelles et finalement

1. *Dieu pour tout jour, chapitres du père Christian de Chergé à la communauté de Tibhirine (1985-1996)*, les cahiers de Tibhirine, abbaye d'Aiguebelle, 2006.

dramatiques. Ce qui, selon moi, fait l'inestimable valeur de leur témoignage tient à deux éléments : ces hommes avaient compris, en dépit de leurs caractères respectifs parfois rugueux et bien trempés, que la vie communautaire recélait une force peu commune. Ensuite, et même si leur vocation monastique n'avait pas à l'origine cette dimension « missionnaire », ils aimaient profondément les gens à qui ils étaient « envoyés ». Ainsi, leur témoignage n'est pas vain : il a pris racine dans le jardin escarpé de Tibhirine, mais il peut fleurir n'importe où ailleurs. Ils ont traversé une des périodes les plus noires de l'Algérie, mais leur héritage peut germer en bien des endroits de la planète, en terre étrangère ou indifférente, en pays musulman ou loin de tout. Voilà ce que j'ai eu le bonheur de découvrir en foulant cette terre qui a abrité des hommes de Dieu, donnés aux autres, prophètes d'une espérance qui peut essaimer bien au-delà des contreforts de l'Atlas.

Ce que me disent les Algériens aujourd'hui confirme ce que nous pressentons tous par le récit de leurs existences. Les voisins ont pris part à cette vie donnée, en recevant les fruits de cette présence : c'était des hommes excessivement bons, qui aimaient les gens autour d'eux, tout simplement. Si je suis ici, et ce pourrait être ailleurs, c'est parce que je suis convaincu que c'est encore à vivre aujourd'hui par chacun d'entre nous, là où nous sommes envoyés.

Mes collègues, jardiniers et agriculteurs comme moi, m'en parlent encore aujourd'hui. Il n'est pas un jour sans que la mémoire des moines ne soit évoquée. Non par le biais des événements, qui retiennent davantage l'attention des chrétiens, des Occidentaux. C'est ici un sujet tabou, qui blesse tellement les villageois qu'ils ne veulent pas en parler. À l'occasion de la parution d'un article de journal, ils vont peut-être m'en dire deux mots. Pour répéter cette incompréhension profonde : ce n'est pas possible que des Algériens aient pu commettre un tel crime envers des hommes de Dieu, envers les frères. La période du terrorisme a été une blessure qui saigne encore aujourd'hui. Un voile noir, mélange d'incrédulité et de honte, recouvre le massacre.

Si tout pouvait redevenir comme avant… Que les voisins puissent frapper à la porte, et que quelqu'un leur ouvre… C'est ma mission aujourd'hui, que j'exerce bien modestement. À l'époque des frères – excepté aux horaires des offices que les villageois connaissaient par cœur – il y avait toujours un frère qui répondait. Bien sûr, les trois dernières années, passée une certaine heure et pour des raisons de sécurité, il n'était plus question d'ouvrir. Mais c'est ce souvenir vivace d'un monastère ouvert qui perdure dans l'entourage. Ma journée de travail est bien souvent entrecoupée de ces visites qui ravivent la présence monastique. Je n'apporte plus qu'une aide modeste, je n'ai pas assez de temps pour écouter et soigner le verger, mais je fais mon possible pour me rendre disponible à cette vie qui circule entre le monastère et l'extérieur.

À toute personne qui frappe, la porte s'ouvre. Je l'ai déjà dit : il y a de nombreux musulmans qui viennent se recueillir sur la tombe des frères. Morts, ceux-ci témoignent encore de leur vie donnée. Quand les visiteurs arrivent, je les conduis la plupart du temps au cimetière. Ils n'ont parfois qu'une image confuse de ce qu'était la vie des moines. Je présente alors les cisterciens ayant les mains levées vers le ciel parce que ce sont des hommes de prière, mais aussi les bottes dans la glaise, parce que ce sont des hommes enracinés dans une terre.

Au Moyen Âge, les fondations monastiques étaient, elles aussi, des communautés de prière, et des défricheurs. Les moines avaient su s'adapter à ce climat rude, à cette terre à la fois fertile mais aussi ingrate. Soixante années de vie monastique à Tibhirine ont fait de ce bout de montagne un jardin magnifique. Les moines – et notamment les premières générations qui se sont installées ici – étaient ingénieux. Frère Paul, responsable de l'irrigation, développait des trésors d'imagination pour rendre l'irrigation plus performante, moins dispensatrice d'eau. Après dix années à travailler cette terre, je n'ai pas encore fini de comprendre comment les moines avaient épousé avec tant de réussite le relief de Tibhirine. Les mains vers le ciel, les pieds sur terre… Voilà la manière des moines d'être en communion avec les gens et avec une terre.

IX

ÊTRE INVITÉ DANS LA MAISON DE L'ISLAM

Tibhirine vit encore aujourd'hui du souffle de la communauté assassinée. Le message reste vif, et j'en suis chaque jour nourri. En même temps, nous ne pouvons plus incarner à l'identique, comme les moines, cette présence en terre d'islam. À partir de leurs intuitions, il nous faut maintenant inventer une manière d'être chrétien en dialogue. Tibhirine avait une place tout à fait particulière dans l'Église d'Algérie. Cette place perdure, renforcée par la tragédie qui laisse un signe visible. Sept moines ont donné leur vie ! Sans doute s'attendaient-ils que l'un ou l'autre puisse un jour être pris dans une embuscade, victime d'un attentat sur la route ou d'un acte violent… Sept frères… Jusqu'au bout, ils sont restés liés par la vie communautaire. Ce témoignage, qui a frappé les esprits dans l'Église universelle et bien au-delà des frontières, a profondément bouleversé l'Église d'Algérie. Au même titre que les autres victimes des années noires, et aussi avec un retentissement autre. Car de très nombreux membres de l'Église d'Algérie avaient un lien particulier avec tel ou tel moine. Tibhirine était un havre de paix, un lieu de ressourcement, un espace clos, protégé, pour se refaire une santé spirituelle. La mort des moines et l'impossibilité d'installer une nouvelle communauté privent l'Algérie de cette vie contemplative qui nourrit l'Église.

Seul à Tibhirine, je peux rappeler le témoignage des moines, vivre modestement le dialogue avec la population, ouvrir les portes du monastère… Mais je ne suis pas moine. Ma présence n'est pas du même ordre, même si elle se nourrit de la même foi, et de cette vie partagée. C'est sans doute ce qui reste à vivre ici, cette « Église de la rencontre » qui passe par la rencontre quotidienne, banale, à ras du sol, en humanité.

Par le biais de l'Association des amis de Tibhirine[1], le soutien que les moines apportaient à l'école peut se poursuivre. En prenant en charge la cantine scolaire, à la fois par l'achat des victuailles, mais aussi par le salaire d'une personne et demie pour le service, le monastère poursuit son œuvre. Cette solidarité

1. Les amis de Tibhirine, abbaye Notre-Dame d'Aiguebelle, 26230 Montjoyer.

de proximité – de voisinage puisque l'école est à la lisière du verger ! – crée des liens d'amitié et une affection réciproque. Ce n'est pas seulement un service à l'école de Tibhirine, mais une attention commune aux enfants et à l'avenir du village. Il ne s'agit pas de rendre la vie radicalement différente, mais de permettre qu'elle s'épanouisse, sans prétention ni projection quelconque. Nous partageons le quotidien avec les gens du village, et nous agissons avec eux, avec les familles, pour notre bien commun.

Je me rappelle avec bonheur ce Noël 2007 à Médéa. Le cirque Amar était de passage en Algérie, et j'ai été invité à célébrer la veillée de Noël sous le chapiteau à la suite du spectacle. Après une journée de travail à Tibhirine, je suis descendu avec Youssef et Samir. Nous sommes allés au cirque et avons profité de deux heures de chorégraphie, de numéros de clown, de dressage d'animaux, de tours de passe-passe, de danses… Sur la piste, une centaine d'artistes – dont un tiers étaient algériens – évoluaient sous les projecteurs aux multiples couleurs, avec des costumes chatoyants. Il faut imaginer la joie de la population : 1 600 spectateurs à chacune des deux représentations journalières, quinze jours durant…

Le soir de Noël, un autel a été dressé sous le chapiteau pour célébrer le Nouveau-Né avec les artistes étrangers qui le voulaient. Ce fut une grande joie d'accueillir le Sauveur sous la toile du chapiteau tout illuminée des milliers d'étoiles de la fête, avec les artistes aux langues multiples, aux origines diverses, aux rites et confessions mélangées : vieux-catholiques, protestants et orthodoxes, catholiques, se rassemblant comme les bergers de la grotte pour chanter la gloire de Dieu et accueillir le Prince de la Paix. La soirée s'est achevée autour d'un repas avec tous les artistes, chacun souhaitant « Joyeux Noël » dans sa langue. Assis entre un Italien, chef d'orchestre du cirque, et un Kabyle électricien, j'ai passé un moment rare, fait d'échanges, de reconnaissance, de fraternité. Enfin, le cirque a invité les enfants de l'école de Tibhirine. Quelques jours plus tard, les 48 enfants de l'école installée en bas du monastère allaient au cirque pour la première fois de leur vie. Dieu se révèle sur des chemins inattendus, mais toujours au cœur de la vie des hommes, dans la rue, sur le quai du train, comme sous le chapiteau du cirque Amar.

D'autres actions encore sont menées à la suite de la communauté, comme l'atelier de broderie, qui jouxte l'ancienne maison du gardien que j'occupe, quand je suis à Tibhirine. Une dizaine de jeunes filles brodent dans cet atelier placé sous la responsabilité de sœur Bertha, une Fille de la Charité d'origine mexicaine. Soutenu par la Caritas – le Secours catholique d'Algérie – l'atelier donne aussi du travail aux femmes mariées du village qui restent chez elles. En bordure de la Casbah d'Alger, une petite boutique écoule ce travail traditionnel et minutieux des femmes de Tibhirine, qui est vendu aux rares touristes de passage, mais aussi aux familles algériennes. C'est une source de revenus non négligeable pour les familles du village.

Je crois que ma présence n'a de sens que pour « vivre avec » les Algériens, les voisins, même si je n'ai pas fait vœu de stabilité comme les moines, et que je n'ai pas « donné ma vie à ce pays » comme l'entendait Christian de Chergé. Pour autant, cela ne m'empêche pas de vivre le dialogue et cette amitié solidaire avec le village, à Tibhirine, comme je souhaite le vivre partout où je suis envoyé. Peut-être est-ce jusque-là, jusqu'à la rencontre toute simple des écoliers rentrant de leur journée que se vit encore, que s'incarne l'extraordinaire testament spirituel de Christian de Chergé. À travers ce texte, il a montré à quel point la vie d'un moine peut être donnée à un peuple et à l'Église. Et en ce sens-là, le testament de Christian traverse les âges. On finira par oublier les conditions tragiques de leur disparition. Ce texte restera, et sera une source inépuisable pour tous ceux qui espèrent vivre la rencontre. Le testament vient bouleverser aussi bien des chrétiens que des musulmans. Il n'y a, dans ces lignes, aucune rancœur, mais une élévation de l'âme qui dépasse tous les clivages et tous les contextes : « Ma vie, j'ai essayé de la donner à Dieu et à ce pays, lisez-la comme telle », nous confie en substance Christian de Chergé. Je l'ai dit, quand des groupes viennent à

Tibhirine, je ne lis que le testament de Christian. Il n'y a rien à ajouter. Quand Nicolas Sarkozy, alors ministre de l'Intérieur, est venu à Tibhirine le 14 novembre 2006, Mgr Henri Teissier, archevêque d'Alger, a lu le testament de Christian à la chapelle devant le parterre d'officiels : ce fut un instant extrêmement dense, d'attention et de recueillement.

Ce texte a été buriné, travaillé, retravaillé. Les termes sont choisis avec une justesse impeccable et un sens fraternel poignant. C'est désormais un des grands textes de l'Église d'aujourd'hui. Si les frères sont restés, à leurs risques et périls, c'est parce qu'ils ont « donné leur vie par avance », comme l'écrit Christian. Et qu'il ne s'agissait pas d'une prise de position politique, d'un aveuglement spirituel, mais bien d'une disposition intérieure totale et résolue.

Il y a eu l'Église d'Algérie au temps de saint Augustin, évêque d'Hippone. Cette communauté a compté dans l'histoire de l'Église universelle, et elle a disparu. Plus proche de nous, comment ne pas penser à Charles de Foucauld à Tamanrasset ? Christian de Chergé s'y est rendu à plusieurs reprises, il y a effectué une longue retraite. La fin de Charles de Foucauld semblait tellement signer un échec, une vie gâchée, tout entière donnée à la création d'un ordre, sans succès de son vivant. Et pour finir, Charles de Foucauld fut tué dans une embuscade de brigands… Ce n'est pas sa foi qui lui a valu la mort violente, il ne fut pas martyr au nom de Jésus-Christ : simplement le plus petit des frères des hommes. Et les fruits du frère Charles sont aujourd'hui si nombreux !

Les sept martyrs de Tibhirine sont de cette Église, et ils donnent à leur tour, par leur vie, un témoignage précieux de l'Évangile au cœur du monde musulman. Pierres d'angle de l'Église d'Algérie, Augustin, Charles de Foucauld et les frères de Tibhirine ouvrent des voies essentielles pour les chrétiens dans un monde plurireligieux. À un siècle de distance, Tamanrasset et Tibhirine témoignent de ce même appel fondamental à tenter de vivre le message chrétien en terre étrangère. La mission en terre musulmane n'est pas la prédication, mais la communion avec la société qui nous accueille.

Nous sommes les « invités de la maison de l'islam ». Cela ne va pas de soi : bien avant les années noires, en 1988, frère Christophe souligne la précarité de la présence monastique en Algérie : « Des moines en pays non chrétien… Pas d'avenir ! C'est clair. Mais la conscience d'une Présence à vivre ici : service de la prière et rencontre, visitation d'amitié. […] Une maison dans la Maison de l'islam… Une petite chambre d'ami ouvrant sur l'Intérieur qui nous unit. » Quand je relis la feuille de présentation du monastère qui était distribuée aux hôtes de passage, je reconnais ce qui fonde ma présence ici, en Algérie : « Aujourd'hui, des hommes continuent de se livrer ici, d'un cœur libre et soumis, au service humble et caché de la toute-grandeur et de la toute-charité de Dieu, dans la louange des Heures, le travail de leurs mains et le partage total de la vie en communauté [...]. Hôtes du peuple algérien, musulman dans sa quasi-totalité, ces frères aimeraient contribuer à témoigner que la paix entre les peuples est un don de Dieu fait aux hommes de tout lieu et tout jour et qu'il revient aux croyants, ici et maintenant, de manifester ce don inaliénable, notamment par la qualité de leur respect mutuel et le soutien exigeant d'une saine et féconde émulation spirituelle. »

Les personnes qui venaient passer quelques jours à Tibhirine ressentaient généralement ce séjour comme un temps de ressourcement, et les moines souhaitaient leur partager cette vocation profonde de « priant » en terre musulmane : « Au côté des priants de l'islam, les frères font profession de célébrer, jour et nuit, cette communion en devenir, et d'en accueillir inlassablement les signes, en perpétuels mendiants de l'amour, leur vie durant, s'il plaît à Dieu, dans l'enceinte de ce monastère dédié au patronage de Marie, mère de Jésus, sous le vocable de Notre-Dame de l'Atlas. L'hôtellerie – ou maison réservée aux hôtes – relève de la même vocation d'accueil et de partage, d'écoute et de louange, de silence et d'unité[1]... »

1. *Sept vies pour Dieu et l'Algérie*, p. 24.

Durant les dernières années, les hôtes s'étaient notablement raréfiés à Tibhirine. Si, aujourd'hui, quelques visites deviennent possibles, il n'est toujours pas question de séjourner au monastère. Mais qui sait ? Presque seul aujourd'hui à assurer cette « vocation d'accueil et de partage », je ne désespère pas qu'il puisse un jour être possible d'assurer plus facilement, et plus nombreux, cette humble présence de paix. Dans vingt ans, les chrétiens auront-ils une place plus ou moins reconnue qu'aujourd'hui dans la société algérienne ? Impossible de le prédire… Cette présence n'a pas d'objectif ni d'obligation de résultat : elle existe simplement, signe d'une relation toujours possible et fraternelle.

Tout comme les moines qui partageaient leur temps entre la prière et le travail – selon la règle de saint Benoît, « *ora et labora* », – je célèbre Dieu dans la chapelle où les moines se réunissaient sept fois par jour pour l'office. Avec humilité, je me ressource en ce lieu, je célèbre l'eucharistie avec les chrétiens qui sont de passage. J'ai ce bonheur de les accueillir en ce lieu qui m'habite désormais. Chaque jour, ma prière est nourrie par le fait que j'ai été envoyé à Tibhirine.

Les Évangiles ont été « écrits » pour les premières communautés qui vivaient dans des sociétés essentiellement rurales. Les récits prennent corps dans cette société de pêcheurs, autour du lac de Capharnaüm. L'histoire s'écrit au milieu de gens qui ont vécu en Judée, en Galilée, sur une terre. Comment, aujourd'hui, la parabole de la brebis perdue peut-elle parler à des contemporains qui n'ont jamais vu un troupeau de moutons ? Tibhirine est une terre évangélique. Quand les moutons entrent et sortent de la bergerie, qu'ils passent par la porte, je saisis sans autre exégèse le sens des paraboles. Sans doute aussi le rythme des saisons – à Tibhirine comme ailleurs – participe à la Création, et j'y suis particulièrement sensible. Respecter les rythmes du travail agricole tout au long de l'année, ne pas être en retard pour les semis, pour les récoltes… C'est mon travail. J'aime ce métier qui m'inscrit dans le rythme de la Création et du mouvement agricole des saisons. Rien n'est écrit d'avance : nous créons encore… Il y a des années précoces, des années tardives, il y a des années pluvieuses, des années sèches. Moi qui aime le travail bien fait, je me trouve à l'écoute de cette terre, des saisons, de la météo… Ensuite, tout est affaire de travail, patient et acharné, avec les grands moments de la taille au mois de janvier, de la récolte des pommes en septembre, sans compter les cerises, kakis, mûres, figues, rhubarbe, en plus de l'orge, l'avoine, le foin, les haricots, les tomates… Il m'arrive de penser : « Ah ! Les moines seraient contents de se promener dans le verger, de voir le résultat des semis… » De leurs temps, la culture des pommes de terre, des légumes était plus importante. Aujourd'hui, la création du verger, le petit troupeau de brebis, la fabrique de confitures ont modifié l'activité agricole du monastère. Mais l'essentiel est préservé : comme à l'époque des moines, le travail agricole permet de tisser des relations avec les habitants du village et au-delà, dans la région notamment par le négoce de notre production. Cet enracinement est essentiel pour moi. C'est l'engagement concret avec les gens de ce pays, de cette terre.

C'est dans cette patiente attente, et au quotidien, que j'ai la chance de vivre sur les traces des moines. Je suis chaque jour émerveillé par ce lieu travaillé par la main de l'homme, par les mains des moines. Voilà ma prière : cette action de grâces face à la Création, objet de contemplation et de louange. Prier est toujours, pour moi, une œuvre à réaliser, un travail, ce n'est jamais facile et coulant de source comme l'eau des sources du monastère de Tibhirine. Il n'est pas toujours facile de se mettre à l'écoute de la Parole de l'Autre. Aussi ma prière est-elle d'abord une contemplation de la beauté de la création, avec l'alternance des saisons en montagne. Rejoindre le matin de bonne heure Médéa depuis Alger, c'est assister au lever du soleil sur les premiers contreforts de l'Atlas. Prendre les petites routes qui montent vers Tibhirine, par-dessus les nuages qui recouvrent la vallée ; goûter au silence du monastère, admirer la paix de cette oasis accrochée à la montagne de Notre-Dame de l'Atlas, irriguée par l'eau fraîche et généreuse de la montagne, et enfin retrouver les deux amis algériens qui travaillent avec moi cette terre fertile… Résonnent encore les psaumes chantés par la communauté d'Aiguebelle, écoutés dans ma voiture. Le soir, je repense souvent à ces vies assassinées, offrande pour la multitude. À travers les multiples rencontres, tout ordinaires de la vie de travail agricole au village, à travers les services rendus à la population marginalisée de la campagne, dans le travail simple et varié de l'agriculteur, je reste émerveillé de la grandeur de Dieu qui se fait proche de chacun de nous, avec nos différences mais aussi un immense respect du chrétien que je suis de la part de mes interlocuteurs musulmans. Partager sur un caillou, devant la maison d'un ami la « *tammina* », ce gâteau spécialement préparé pour fêter l'arrivée d'un enfant, et boire un café « dosé », c'est être à l'écoute de Dieu miséricordieux.

La Terre nous est non seulement donnée, mais elle est encore embellie par la main de l'homme. Avec son Cantique de la Création, François d'Assise nous a invités à cette découverte ineffable de la nature. Les paysages de Tibhirine, les montagnes qui entourent ce monastère, sont une occasion quotidienne d'émerveillement. Et c'est l'homme qui est dépositaire de cette Terre. Par nos mains, la nature devient plus belle encore, transformée. La vocation de l'homme, c'est de compléter la Création. « Prêtons à Dieu nos bras ; nous ne dirons plus jamais qu'il est manchot », écrit un poète. Dieu use de la main de l'homme pour se révéler de manière plus grande encore dans sa Création. À Tibhirine, je touche du doigt ce mystère.

Pendant soixante ans, des moines ont vécu là. Frère Luc, avant d'être assassiné, y a vécu plus de cinquante ans. L'attachement de ces frères à une terre, à une population est une source inépuisable de méditation. À mon tour, je me sens invité à planter ma vie de foi, de croyant, de prêtre, sur cette terre-là. Je chemine aux côtés de Samir, Youssef, des gens du village, des enfants de l'école… Et je cultive cet appel avec ceux qui avancent sur un autre chemin. Ce n'est pas au ciel, ce n'est pas ailleurs que je suis appelé à être témoin de l'Évangile et de l'amour de Dieu. C'est ici, aujourd'hui, sur la terre de Tibhirine.

Testament spirituel de Christian de Chergé
« Quand un à-Dieu s'envisage »

S'il m'arrivait un jour – et cela pourrait être aujourd'hui – d'être victime du terrorisme qui semble vouloir englober maintenant tous les étrangers vivant en Algérie, j'aimerais que ma communauté, mon Église, ma famille, se souviennent que ma vie était donnée à tous et à ce pays.

Qu'ils acceptent que le Maître Unique de toute vie ne saurait être étranger à ce départ brutal. Qu'ils prient pour moi : comment serais-je trouvé digne d'une telle offrande ? Qu'ils sachent associer cette mort à tant d'autres aussi violentes laissées dans l'indifférence de l'anonymat. Ma vie n'a pas plus de prix qu'une autre, Elle n'en a pas moins non plus. En tout cas, elle n'a pas l'innocence de l'enfance. J'ai suffisamment vécu pour me savoir complice du mal qui semble, hélas, prévaloir dans le monde, et même celui-là qui me frapperait aveuglément.

J'aimerais, le moment venu, avoir ce laps de lucidité qui me permettrait de solliciter le pardon de Dieu et celui de mes frères en humanité, en même temps que de pardonner de tout cœur à qui m'aurait atteint.

Je ne saurais souhaiter une telle mort, il me paraît important de le professer. Je ne vois pas, en effet, comment je pourrais me réjouir que ce peuple que j'aime soit indistinctement accusé de mon meurtre.

C'est trop cher payé ce que l'on appellera, peut-être, « la grâce du martyre » que de le devoir à un Algérien quel qu'il soit, surtout s'il dit agir en fidélité à ce qu'il croit être l'islam. Je sais le mépris dont on a pu entourer les Algériens pris globalement. Je sais aussi les caricatures de l'islam qu'encourage un certain islamisme. Il est trop facile de se donner bonne conscience en identifiant cette voie religieuse avec les intégrismes de ses extrémistes.

L'Algérie et l'islam, pour moi, c'est autre chose, c'est un corps et une âme. Je l'ai assez proclamé, je crois, au vu et au su de ce que j'en ai reçu, y retrouvant si souvent ce droit fil conducteur de l'Évangile appris aux genoux de ma mère, ma toute première Église, précisément en Algérie, et, déjà, dans le respect des croyants musulmans. Ma mort, évidemment, paraîtra donner raison à ceux qui m'ont rapidement traité de naïf ou d'idéaliste : « Qu'il dise maintenant ce qu'il en pense ! » Mais ceux-là doivent savoir que sera enfin libérée ma plus lancinante curiosité. Voilà que je pourrai, s'il plaît à Dieu, plonger mon regard dans celui du Père, pour contempler avec Lui les enfants de l'islam tels qu'il les voit, tout illuminé de la gloire du Christ, fruits de la Passion, investis par le don de l'Esprit, dont la joie secrète sera toujours d'établir la communion et de rétablir la ressemblance, en jouant avec les différences.

Cette vie perdue, totalement mienne, et totalement leur, je rends grâce à Dieu qui semble l'avoir voulue tout entière pour cette joie-là, envers et malgré tout. Dans ce merci où tout est dit, désormais, de ma vie, je vous inclus bien sûr, amis d'hier et d'aujourd'hui, et vous amis d'ici, aux côtés de ma mère et de mon père, de mes sœurs et de mes frères et des leurs, centuple accordé comme il était promis !

Et toi aussi, l'ami de la dernière minute, qui n'auras pas su ce que tu faisais. Oui pour toi aussi, je le veux ce merci, et cet « à-Dieu » en-visagé de toi. Et qu'il nous soit donné de nous retrouver, larrons heureux, en Paradis, s'il plaît à Dieu, notre Père à tous deux. Amen ! *Incha Allah* !

Christian de Chergé
Alger, 1er décembre 1993
–Tibhirine, le 1er janvier 1994

TABLE

Ouvrages de Christophe Henning

Risquer de vivre
(avec Irène Devos)
Éditions de l'Atelier, 2001

Vous, c'est la charité !
Biographie de Mgr Rodhain
Sarment, 2002

La Liberté de l'amour
Conversations avec Colette Nys-Mazure
Desclée de Brouver, 2005

Petite Vie de Jean-Paul II
Desclée de Brouver, 2005, 2014

Petite Vie des moines de Tibhirine
Desclée de Brouver, 2006, 2010

Conversations sur le mal
(avec Jean-Luc Blaquart)
Cerf, 2007

Lourdes, paroles de pèlerins
Bayard, 2007

Il fallait Osée
Desclée de Brouver, 2009

Une vie dans le refus de la violence
Entretiens avec Alain Richard
Albin Michel, 2010

Frère Luc, la biographie
Moine, médecin et martyr à Tibhirine
(avec Thomas Georgeon)
Bayard, 2011

Justice et Charité
Entretiens avec François Soulage
Desclée de Brouver, 2012

Les Familles, l'Église et la société
Entretiens avec Mgr Jean-Luc Brunin
Bayard, 2013

Petite Vie de Paul VI
Desclée de Brouver, 2014

Christan de Chergé, moine de Tibhirine
Sa vie, son message, son actualité
Médiaspaul, 2014

RÉALISATION : NORD COMPO MULTIMÉDIA À VILLENEUVE-D'ASCQ
IMPRESSION : CPI BRODARD ET TAUPIN À LA FLÈCHE
DÉPÔT LÉGAL : OCTOBRE 2014. N° 118131 (3006487)
IMPRIMÉ EN FRANCE

ÉGALEMENT DANS LA COLLECTION POINTS VIVRE

Le bonheur est en vous

Marcelle Auclair

Le meilleur des antidépresseurs !

Marcelle Auclair affirme que la pensée et la parole créent de puissantes vibrations qui façonnent nos vies. Une leçon d'optimisme ! Comme la force électrique, comme la pesanteur, comme le son, le bonheur existe, et il a ses lois ! Ce grand classique de la pensée positive et de la sagesse pratique peut changer le cours de votre vie. Un vrai livre de chevet pour tous ceux qui savent que la vie commence aujourd'hui…

Marcelle Auclair : une femme et une intuition hors du commun. Conférencière à 14 ans, instigatrice d'un salon littéraire franco-chilien à 18 ans, elle co-fonde *Marie-Claire*, le premier journal féminin moderne. Elle publie aussi des biographies qui font date, ainsi que deux livres devenus des best-sellers, *Le bonheur est en vous* et *Pratique du bonheur*.

ÉGALEMENT DANS LA COLLECTION
POINTS VIVRE

Le jardinier de Tibhirine

Jean-Marie Lassausse,
Christophe Henning

Une expérience en « terre des autres ».

En 2001, le père Jean-Marie Lassausse est appelé pour prendre en charge le monastère de Tibhirine. Le but est de faire vivre le lieu dans lequel ont été plantés deux mille arbres fruitiers après l'assassinat des sept moines. L'espérance et cette vie que les moines ont donnée refleurissent. « Modestement, à ma manière, je participe à leur promesse de rester. »

Jean-Marie Lassausse, prêtre de la Mission de France et agronome, a été chargé par l'archevêque d'Alger d'entretenir les cultures de l'abbaye.

Christophe Henning est journaliste et couvre depuis 1996 l'actualité concernant le drame de Tibhirine. Il a publié plusieurs livres à ce sujet.

Prix de littérature religieuse 2011

ÉGALEMENT DANS LA COLLECTION POINTS VIVRE

Petite Philosophie des mandalas

Méditation sur la beauté du monde

Fabrice Midal

LE livre fondamental sur la philosophie du mandala.

Le terme « mandala », principe clef du bouddhisme, est entré dans le langage courant. Avec le mandala, on apprend à retrouver un monde, une unité, ou à se sentir reliés à nouveau aux êtres et aux choses. Il questionne notre rapport à nous-mêmes et à ce qui nous entoure, démarche que l'on retrouve aussi bien dans la science, la psychanalyse, la philosophie que dans l'art moderne. Une façon de trouver son centre.

Docteur en philosophie et maître de méditation, **Fabrice Midal** est l'un des chefs de file du bouddhisme occidental. Disciple de Chögyam Trungpa, il est fondateur de l'École occidentale de méditation.

ÉGALEMENT DANS LA COLLECTION
POINTS VIVRE

L'amour sauvera le monde

Mes plus belles pages chrétiennes

Michael Lonsdale

Un livre qui résonne avec la quête spirituelle de l'homme contemporain.

À l'âge de 40 ans, le comédien Michael Lonsdale s'est converti au christianisme. Plusieurs dizaines d'années plus tard, il décrit dans ce livre magnifique ce qui constitue le socle de sa foi et propose un choix très personnel de textes, parmi les plus beaux de l'histoire littéraire et religieuse. De saint Augustin à sœur Emmanuelle, de saint François d'Assise à Christian de Chergé, il donne à lire les prières de saints, de moines, de poètes, de croyants prestigieux, qui l'ont accompagné dans tout son parcours spirituel.

Né en 1931, **Michael Lonsdale**, comédien de théâtre et de cinéma ayant travaillé sous la direction des plus grands, a interprété frère Luc dans *Des hommes et des dieux*, le film de Xavier Beauvois.

ÉGALEMENT DANS LA COLLECTION
POINTS VIVRE

Divine blessure
Faut-il guérir de tout ?
Jacqueline Kelen

Un traité d'initiation à l'Amour.

Guérir, se débarrasser de nos maux pour accéder au bonheur, cela semble être une obsession dans notre monde moderne. C'est aussi le meilleur moyen d'anesthésier notre conscience et d'étouffer les questions métaphysiques. Jacqueline Kelen combat cette tyrannie du confort, qui voudrait faire l'impasse sur la vocation spirituelle de l'humain. Les modèles qu'elle convoque ici (Achille et Ulysse, Lancelot et Tristan, Osiris dépecé, Jacob, le Christ crucifié) nous rappellent tous que l'homme accède à sa plénitude aussi par l'épreuve.

Jacqueline Kelen se consacre au déchiffrement des mythes de la tradition occidentale, ainsi qu'à l'étude de la voie mystique. Elle est l'auteur de plus d'une trentaine d'ouvrages dans lesquels elle explore les richesses de la vie intérieure.